Spirituelle Rückführungen

Teil 5

Verstand versus Emotionen?

Anleitung zum besseren Verstehen sowie zur Durchführung von Spirituellen Rückführungen

Die Freisetzung von Selbstheilungskräften wird angestrebt, in erster Linie der geistigen, dann auch der körperlichen und zudem jene des sozialen Daseins. Die Heilung von Gebrechen steht bei den Spirituellen Rückführungen niemals im Vordergrund!

Letztlich geht es um den Weg zur Heiligung.

Bei gesundheitlichen Bedenken, bei physischen oder bei psychischen, wende Dich bitte an einen Arzt, Heilpraktiker oder Therapeuten Deines Vertrauens.

Günter Skwara

Spirituelle Rückführungen

Teil 5

Verstand versus Emotionen?

Anleitung zum besseren Verstehen sowie zur
Durchführung von Spirituellen Rückführungen

Bibliografische Information der Deutschen Nationalbibliothek:
Die Deutsche Nationalbibliothek verzeichnet diese Publikation in der
Deutschen Nationalbibliografie; detaillierte bibliografische Daten
sind im Internet über http://dnb.dnb.de abrufbar.

Illustration: **Günter Skwara**

Herstellung und Verlag:

BoD – Books on Demand, Norderstedt

ISBN: 978-3-**7494-6587-3**

Inhaltsverzeichnis

Diese Aufschreibungen sind an all jene Menschen guten Willens ge-
richtet, die ihren Mitmenschen ebenfalls hilfreich zur Seite stehen
möchten.
Wer anstrebt Spirituelle Rückführungen durchzuführen, sollte einfach ein gewisses Grundlagenwissen erfahren und beherrschen sowie Fähigkeiten erlangen, die ihn dazu befähigen, seinen Rat- und
Hilfesuchenden eine begleitende Stütze im Leben zu sein.

Im Vorfelde möchte ich, um Missverständnissen vorzubeugen, eines
klar hervorheben: **Ein Spiritueller Rückführer ist weder ein Motivator noch ein Coach, der jemanden voran bringen möchte.**

In der Ansprache wähle ich mit Bedacht die Du-Form, weil wir uns
als Geistige Wesen immer näher stehen als im menschlichen Umgang miteinander.

Winston Churchill arrangierte sich auf seine Art und Weise mit dem Verhältnis von Körper und Seele:

**„Man soll dem Leib etwas Gutes bieten,
damit die Seele Lust hat, darin zu wohnen."**

Erasmus von Rotterdam hatte da eine etwas andere Ansicht:

**„Der Körper kann ohne den Geist nicht bestehen,
aber der Geist bedarf nicht des Körpers."**

 # Botschaft der Druiden des TAO für alle Menschen guten Willens

Die Fähigkeit zur Durchführung von Spirituelle Rückführungen wurde unter anderem den Druiden des TAO vom Sonnensystem Atalant übergeben. Dieses Doppel-Sonnensystem, innerhalb dieser Galaxis, genannt Milchstraße, ist die ursprüngliche Heimat vieler Menschen auf dem Planeten Erde.

Spirituelle Rückführungen haben das große Ziel der Transformation von menschlichen Wesen zu geistigen TAO-Wesenheiten.

In der letzten Konsequenz führt sie zum BewusstSein der Transzendenz im Göttlichen TAO, unser aller Ursprung, mit dem wir seit Anbeginn untrennbar verbunden sind.

Wie wir im Verlaufe dieser Darlegungen noch sehen werden, haben Spirituelle Rückführungen weder etwas mit Gut oder Böse noch mit Schuld und Sühne zu tun. Hierbei geht es ausschließlich um die Erkenntnis das Höhere Selbst zu sein.

Die Selbsterkenntnis, die Selbsterfahrung, die Selbstverwirklichung, die Selbstständigkeit bringen den Sinngehalt sowohl in die Maßnahme der Spirituellen Rückführungen, als auch einen höheren Sinn in das Leben der Rat- und Hilfesuchenden.

Ein Spiritueller Rückführer, sei er nun ein Druide des TAO oder auch nicht, ist immer der liebevolle Begleiter auf dem Weg zum Selbst. Dabei darf er von sich aus keinerlei eigene Vorgaben einbringen wollen. Ihm steht es nicht zu irgendeinen Druck auszuüben.

Er ist weder ein Motivator noch ein willensstarker Coach. Er ist lediglich der helfende Begleiter auf dem Weg.

Wie jemand diesen Pfad beschreiten will, muss jeder, vom möglichen Anfang bis zu irgendeinem Ende, für sich selbst entscheiden dürfen.

Entsprechend dem Motto:

„Du bist ein freies Geistiges Wesen.
Daher komm, bleib oder geh Deinen Weg."

Vorbemerkungen

Liebe Freunde, die Ihr ebenfalls mit Spirituellen Rückführungen euren Mitfreunden helfen möchtet, lasst die menschlichen Aspekte niemals außer Betracht.

Immerhin seid Ihr im Umfeld von Menschen aktiv, vermutlich um dieser Rasse, genannt Menschheit, den Fortschritt im Universum zu ermöglichen.

Macht Euch daher vertraut mit den Ausdrucksmitteln, die Euch sowohl der Verstand als auch das emotionale Erleben zur Verfügung stellen.

Im nun Folgenden habe ich die Absicht zu vermitteln, welche Erkenntnisse mir im Laufe von Jahrzehnten Spiritueller Arbeiten gekommen sind.

Damit schließe ich selbstverständlich an das Wissen an, das bereits die Atalanter befähigt hat, ein harmonisches Zusammenleben zu gestalten.

Bitte verwechselt niemals die wunderbare Gesellschaft im Doppel-Sonnensystem Atalant mit dem irdischen Atlantis.

Dieses Klein-Atalant, genannt Atlantis, ist leider durch Menschen in Verruf gekommen, die nur dessen materiell verseuchte Ansichten dogmatisch hochjubeln, um irgendwelche Feindbilder einzurichten.

Doch, wie überall, gibt es immer zwei Seiten einer Medaille. Die andere Seite ist nämlich die spirituelle Hochkultur der Atlanter.

Speziell davon sollten wir uns einige Scheiben abschneiden. Immerhin knüpft diese spirituelle Denkart unmittelbar an die Vorstellungswelt der galaktischen Atalanter an.

Der Aufbau des Menschen

Im Gegensatz zu den herkömmlichen Betrachtungsweisen, die nicht genau definieren und auch nicht wirklich auseinander halten, wie die Bestandteile des Menschen zu trennen sind beziehungsweise wie sie zusammmen wirken, versuche ich hier aufzuzeigen wie es sich, aus der Sicht von vielen Spirituellen Rückführungen, wohl tatsächlich verhält.

Diese mir auf unterschiedliche Arten und Weisen zugetragenen Kenntnisse sind alleine schon deswegen wichtig, damit sich niemand länger den unklaren, im Laufe der Zeit verwaschenen Definitionen aussetzen muss.

Nur die eindeutige Betrachtung oder Kennung befähigt uns Menschen, sich nicht allzu sehr auf den Körper festzulegen, aus dem Sumpf des ausschließlich Körperlichen Daseins zu entkommen. Diese Betrachtungsweisen müssen auch irgendwie logisch nachvollziehbar sein.

Vergleichen wir den Menschen einfach einmal mit einem Computer oder einer vollständig funktionsfähigen Robotereinheit:
Dessen Konstruktion, sein Aufbau, besteht immer aus Hardware und Software. Unsere Hardware besteht, derzeit im Unterschied zum elektronisch technischen Roboter, aus einer Nervenstruktur mit den Muskeln und Sehnen und aus einem Knochengerüst.
Das Ganze ist mit Sinn zu organischen Biomassen gebettet. Unser zellular strukturierter Aufbau ist nichts anderes als die Hardware, inklusive dem dazugehörigen Gehirn.
Letztlich können wir unsere Körper als bio-energetische Kohlenstoffeinheiten sehen.

Wie wir es vom Computersystem her kennen, ist die Hardware alleine ausgesprochen unfähig. Sie ist weder in der Lage irgendwelche Berechnungen anzustellen, geschweige denn zu denken.

Deshalb sollten wir uns bereits hier von der Vorstellung verabschieden, dass das Gehirn jener Denkapparat sein soll, der auf irgendeine Art und Weise für unser Bewusstsein zuständig ist.

Zu dem, mit elektrischen Strömen gesteuerten, Biokörper gehört, genau wie zu jedem elektronischen Gerät, ein elektromagnetisches Energiefeld.
Dieses Feld umgibt jede einzelne Zelle und schließlich den ganzen Körper. Eine andere Bezeichnung dafür ist: Aura.
Das Energiepotenzial der Aura richtet sich nach der Art und Stärke der Kraft, die vom Lebenserzeuger ausgeht. Als Erzeuger des Lebens verstehe ich vorrangig uns Selbst, TAO.
Lassen wir, TAO-Seele, in unserem Zutun nach, verliert der Körper immer mehr Energie und gilt schließlich als tot.

Unter anderem in den jeweiligen Materialien von Körpern finden wir die so genannte Erinnerungen.
Diese Speicherkapazitäten für das Erinnerte nutzen die Rat- und Hilfesuchende bei den Spirituellen Rückführungen.

So speichert das System in seinem Körper-Wasser, im Mineralhaushalt sowie in den hoch bewerteten, vermutlich überbewerteten Genen und im Gehirn.
Zudem speichern all die lebendigen Einheiten auch in der Aura-Energie. Dies gilt für Pflanzen, Tiere und Menschen.

Darüber hinaus verfügen speziell wir Menschen über ein ungeheuer gigantisches Speichermedium, den energetisch konstruieren Verstand.

Die verschiedenen Bestandteile der Körperstaaten bilden insgesamt eine möglichst brauchbare, harmonische Einheit.
Jedoch auch jeder einzelne Teil, angefangen bei seinem Material, hat auch eine völlig eigenständige Funktionsweise.

So kann sogar das lebenserhaltende Material für sich allein betrachtet werden.

Das Material

So wie bei modernen Computern, Disketten und dergleichen, die Speicherung im Material Silizium erfolgt, ist es auch möglich Informationen und Daten in anderen Materialien zu speichern.

Besonders dem Element Wasser wird die Fähigkeit zur Speicherung von Daten beziehungsweise Informationen zugeschrieben.

Dr. Masaru Emoto hat mit seinen Forschungen bewirkt, dass viele Menschen das Wasser mit anderen Augen sehen.

Durch ihn wurde die Macht der Gedanken auf das Wasser bestätigt. Von ihm untersuchte Schneekristalle können sowohl Musik als auch Gefühle und Wortinhalte widerspiegeln.

Diese eisigen Abbilder zeigen einerseits wunderbare, gleichmäßig schöne Strukturen, nämlich bei klassischer Musik, angenehmen Gefühlen und liebenswürdigen Wortinhalten.

Bei so genannter moderner Musik, mit intensiv dröhnenden Bässen, vor allem bei Metal und Techno, bei tieftonig negativen Gefühlen und bösartigen Worten entstehen hingegen sehr unschöne bis hässlich deformierte Kristallbilder.

Ein erwachsener menschlicher Körper besteht im Durchschnitt zu zirka 70 Prozent aus Wasser. Der Wasseranteil verändert sich mit dem Lebensalter. Neugeborene haben einen Wasseranteil von zirka 95 Prozent. Bedingt durch den Körperbau ist der Wasseranteil bei Frauen zirka 5 bis 10 Prozent geringer als bei Männern.

Ein gesunder Wasseranteil ist sehr wichtig für die Leistungsfähigkeit. Genügend Wasser sorgt beispielsweise dafür, dass jemand aufmerksam bleibt.

Aus diesem Wissen heraus kann sich jeder selbst ganz leicht vorstellen, wie die verschiedenen Einflüsse sich ständig auf den Organismus auswirken.

Dabei entstehen tatsächlich Wechselwirkungen zwischen den Tönen und Schwingungen, die nicht unbedingt zur Musik geworden sein müssen, sowie den Gefühlen und der Wortwahl von Menschen.

So kann beispielsweise eindeutig beobachtet werden, dass die Hörer der tieftonig negativ wirkenden Töne unangenehme Gefühle entwickeln, die sich schließlich sogar auch in ihrem eigenen Wortschatz widerspiegeln.

Umgekehrt bewirken wiederum böswillig geäußerte Worte auch entsprechend schlechte Gefühle, sowie Nervosität, Schlaflosigkeit und vieles mehr, sowohl bei sich selbst als auch bei anderen.

So manche Krankheitserscheinung ist auf die Schwingungen sowie auf die Töne und ebenso auf die Worte im Umfeld eines Menschen zurückzuführen.

Nicht nur menschliche Organismen scheinen auf melodische Tonfolgen positiv zu reagieren.

Einige Landwirte schwören unter anderem auf klassische Musik, die sie Kühen oder Hühnern vorspielen.

Auch bei der Welt der Pflanzen, mit ihrem Wachstum und ihren Früchten, lassen sich eindeutige Reaktionen nachweisen.

Das Erinnerungsvermögen, speziell von Pflanzen, kann man mittels einem Voltmeter messen, im Milli-Volt-Bereich.

Ich vermute, dass das Wasser vordergründig dabei mitschwingt und mitspielt.

Die Gene

In den Genen, den Erbfaktoren oder Erbeinheiten, ebenfalls als Bestandteile der Hardware, die vorgeblich ausschließlich für die Vererbung zuständig sein sollen, sind viele der besonders wichtigen Informationen niedergeschrieben.

Die Chromosomen, Erbkörperchen, sind die eigentlichen Träger der Erbanlagen, nach der derzeit herrschenden Lehrmeinung.

In jeder menschlichen Zelle befinden sich 23 Chromosomenpaare, das sind 46 einzelne Chromosomen. Auf eben den Chromosomen liegen die Gene, linear aneinandergereiht.

Grundlage dieser Gene und damit auch der Chromosomen sind die DNS-Moleküle (Desoxyribonukleinsäure).

Das Grundgerüst der DNS besteht aus zwei langen, parallel verlaufenden Ketten von abwechselnd einer Zucker- (Desoxyribose) und einer Phosphatgruppe, die über ihre gesamte Länge durch Querverbindungen zusammengehalten werden und zusätzlich spiralig aufgewunden sind (Doppelhelix).

Eine gute Veranschaulichung hierfür bietet das Bild einer spiraligen, um eine Säule herum gelegten Strickleiter (Watson-Crick-Modell).
Nach diesem Watson-Crick-Modell werden die beiden Längsholme der Strickleiter von den Zucker- und Phosphatgruppen gebildet.
Die Holme werden jeweils durch Sprossen zusammengehalten, die von je zwei Nukleinbasen gebildet werden.
Sie sind entsprechend in einer Wasserstoffbrücke miteinander verbunden.

Insgesamt kommen nur vier verschiedene Basen vor: Cytosin, Guanin, Thymin und Adenin.
Für den Bau einer Sprosse bilden Cytosin und Guanin oder Adenin und Thymin jeweils ein Paar.
Es gibt also immer nur zwei verschieden mögliche Kombinationen.

Wichtig ist jedoch die Reihenfolge der vier Basen entlang eines Holms: Während die Nukleinbasen als "Buchstaben des genetischen Codes" bezeichnet werden können, bestimmt ihre Abfolge den Aufbau der Proteine.
Damit wirkt sich dies auf die Eigenschaften der Zelle und des Organismus aus.
Die DNS soll der eigentliche Träger der Erbinformation sein.

Hingegen erfüllt die Ribonukleinsäure (RNS) drei Hauptaufgaben bei der Übersetzung und bei der Ausführung der "Vorschriften" der Erbsubstanz:

1. als Strukturelement der Ribosomen
2. als Kopie der DNS
3. als Vehikel für die Aminosäuren,
   die zu den Ribosomen gebracht werden.

Der Aufbau der RNS entspricht also weitgehend dem der DNS. Allerdings besitzt die RNS statt der Nukleinbase Thymin das Uracil. Als Zuckerbestandteil besitzt sie nicht Desoxyribose sondern Ribose.

Auch hier werden somit materielle Bestandteile benutzt, um Informationen zu speichern und halbwegs festzuschreiben.

Wie neuerdings erkannt wurde, lässt sich dieser Informationsgehalt nämlich relativ schnell umschreiben. Dafür gibt es sowohl körperliche als auch geistige Methoden.

Beispielsweise kann einfach durch sportliches Training eine ziemlich schnelle Veränderung der DNS erreicht werden. Auch der Genuss von Kaffee löst Genblockaden in den Muskelzellen.

All dies hat aber nur einen andauernden Effekt, wenn regelmäßig trainiert oder Kaffee getrunken wird. Sobald dies eingestellt wird, lässt der Erfolg nach.

"Unsere Ergebnisse liefert nun Belege dafür, dass diese Muster im Genom weitaus veränderlicher sind als bisher angenommen", schreiben Romain Barrés von der Universität Kopenhagen und seine Kollegen.

Kann man seine Gene durch die reine Kraft der Konzentration aktivieren? Ja, sagen Forscher!

Denn jeder Gedanke, den wir denken, durchdringt das Kommunikationssystem des Körpers. Er schaltet Gene an und ab und löst damit Stress- oder Heilungsreaktionen aus.

Dieses Wissen eröffnet völlig neue Aussichten auf Möglichkeiten der Selbstheilung – auch durch Spirituelle Rückführungen.

Ob DNS und RNS tatsächlich die entscheidenden Speichereinheiten im Aufbau des Menschen sind, wage ich an dieser Stelle einfach einmal zu bezweifeln.

Das Energiefeld

Daten und Informationen die in der Energiestruktur von Körpern gespeichert sind, sind auf mancherlei Weise erkennbar.

Dafür besonders sensible Menschen sehen Farben und Farbspiele in den Auren von Lebewesen.

Dabei ist die Aura des Körpersystems lediglich die zusammengefasste Ausstrahlung vieler kleinerer Auren, die schließlich über den Gesamtorganismus wahrnehmbar sind.

Schließlich besitzt jede noch so kleine Einheit im Körperstaat ein eigenes Energiefeld, jedes Organ, jede Zelle, jedes am Leben beteiligte Bakterium.

Die im Zusammenspiel befindlichen Teile des Ganzen zeigen auf, ob und wie weit Körper harmonisch funktionieren, ob sie also gesund oder krank sind.

Energiefelder können geradezu löcherig, demnach teilweise geschwächt sein. Im Idealfall sind sie vollständig heil.

In den sichtbar werdenden Auren wirken unterschiedliche, verschiedenfarbige Erscheinungen, wie gesagt wird.

Da allerdings nicht jeder Mensch für das Aurasehen begabt ist, nicht jeder fähig ist eine Aura wahrzunehmen, suchten die Russen Semyon und Valentina Kirlian nach einer objektiveren Methode.

Es gelang ihnen, diese Felder, wie sie von lebenden Organismen abgestrahlt werden, zu fotografieren.

Mit dieser, nach ihnen benannten, Kirlian-Fotografie fanden sie heraus, dass Krankheitserscheinungen vorhergesagt oder schon im Vorfeld entdeckt werden können. Und zwar über die Beobachtung von Veränderungen in den Lebensfeldern.

Das galt zuerst bei physischen Krankheitsbildern und dann offenbar sogar bei psychischen Fehlfunktionen.

Auch ohne irgendeine gleichzeitig auftretende, organisch nachweisbare Störung beeinflussen unsere Gedankengänge diese Art Lebensfelder gleichfalls.

Jeglicher Gedankenimpuls ist schließlich energetisch und hinterlässt Spuren.

Der aurische Energiekörper ist außerordentlich empfänglich für unterschiedliche Schwingungen. Er reagiert sensibel auf alles in unserer Umgebung. Er erkennt ohne unser Zutun, was ihm Energie gibt oder diese raubt oder rauben könnte.

Zum Beispiel registriert er schlechte, wertlose Nahrung. Dabei handelt es sich unter anderem zum Beispiel um Produkte mit Weißmehl und weißem Zucker.

Auch synthetisch hergestellte Nahrungs- und Genussmittel (eigentlich alles nur Füllmittel) wie gefärbte, aromaverstärkte, konservierte, entfettete, emulgierte, homogenisierte, geschwefelte und solche mit Süßstoffen, mit Stabilisatoren oder Geschmacksverstärkern oder Ähnlichem versehene, beeinträchtigen das aufmerksame Feld der Energie. Künstlich in Form gebracht, kommen diese Mittel bereits auf den Markt, teilweise sogar genmanipuliert.

Ähnlich negativ, wie auf die gekünstelten Füllstoffprodukte, die uns viel zu oft als Nahrung verkauft werden, reagieren die Energiekörper auf energiegeschädigte Umgebungen, also auf Wohn- und Lebensbedingungen.

Unsere materiell konstruierten Körpereinheiten ziehen entsprechend nach. Jedoch leiden sie dann bereits unter schwerwiegenden Beeinträchtigungen, in Form von Krankheitserscheinungen.

Was die Chinesen schon lange wussten: Gerade Flure, wie in den Ämtern, Schulen und Krankenhäusern, wirken energetisch negativ und ermüdend. Dies gilt auch für ebensolche Straßen.

Bei Bach- und Flussläufen beginnt man mittlerweile wieder, die zuvor künstlich hergestellten Begradigungen nun künstlich zu krümmen, zu mäandern.

Chinesische Mönche sowie keltische Druiden, auch Schamanen und Medizinmänner (natürlich auch Frauen) und andere Heiler/innen der unterschiedlichen Kulturkreise dieses Planeten, entwickelten schon vor Jahrtausenden anwendbare Übungen sowie Massage-Techniken zur Stärkung der Lebenskraft.

Etliche der im Energiefeld gespeicherten Informationen, die zur Entstehung sowie zur Aufrechterhaltung von Krankheitsbildern oder Krankheitserscheinungen führen, können so entladen werden.

Dabei wird vor allem die Selbstheilung angeregt und gefördert. Die Heilwirkung entsteht entweder indem das Energiefeld des Körpersystems eines Geschädigten, von dem Heiler positiv beeinflusst und gestärkt wird oder indem die Daten entfernt oder umgeschrieben werden.

Selbst Medikamente gelangen erst mit der Unterstützung durch solche Praktiken zu Krankheitsherden und können dort dann gezielt ihre unterstützende Wirkung entfalten. Sogar Nebenwirkungen fallen dann nicht mehr an, wenn die gezielten Methoden hilfreich ineinander greifen.

Im Falle der Stärkung des Energiefeldes, wird dem kranken Organismus zur Unterstützung zusätzliche Lebenskraft gegeben oder es wird ein energetischer Ausgleich herbeigeführt. Dadurch wird das Energiefeld von Stauungen und Blockaden befreit.
Die Energien fließen wieder ungehindert, sowohl durch den Körper hindurch als auch um ihn herum.
Speziell bei chinesischen Heilmethoden spricht man von Meridianen, Energiebahnen die sich beim Körper befinden sollen.
Energie fließt allerdings nicht nur über Bahnen im Inneren von Körpern. Energien fließen auch um Körper herum, angeblich ebenfalls über Bahnen. Sie speisen jedenfalls das Energiefeld, die Aura, wie Flüsse einen See.

Alte chinesischen Techniken, wie die Anma-Massage, die Akupressur mit Klopftechniken, wirken durch Berührung, durch leichten Druck oder durch Klopfen, mit den Fingern oder mit den Händen.
Blockaden und Barrieren im Energiekörper werden beseitigt, auf sanfte Art geöffnet. Danach beginnt die Energie wieder zu fließen, mitsamt dem Informationsgehalt.
Der angeregte Fluss reißt auch das gestaute Schlackenmaterial des materiellen Körpersystems mit sich fort.

Durch vermehrtes Trinken wird der Abfall dann ausgeschieden. Nährstoffe und Aufbaustoffe versorgen nach der Harmonisierung, also dem Ausgleich des Energiefeldes, wieder gezielt den Zellstaat des erkrankten Organismus.

Im Falle der Entfernung von Daten oder von dessen Umschreibung kann tatsächlich jedermann manche Anwendungen oder Praktiken selbst erfolgreich ausführen.

Beispielsweise können einfach durch konsequente Aufschreibungen die Verhältnisse beim Körper oder im Umfeld eines Menschen erleichtert werden.

Tagebuchaufzeichnungen können außerordentlich hilfreich sein. Sogar die Lösungsansätze werden allein schon dadurch bewusst gemacht. Lösungen gelangen in diesem Zusammenhang an die Oberfläche einer weitgehend analytischen Denkweise.

Dies allein, indem jemand erst einmal die Problematik konkret in Worte fasst und diese vollständig niederschreibt.

Ich bin überzeugt, dass auch mancherlei Krankheitserscheinungen auf diese Art und Weise behoben werden können.

Bei tiefer sitzenden Schwierigkeiten bedarf es eines Helfers, der die Fähigkeit und das entsprechende Wissen darüber besitzt, um die festgefahrenen Daten und Informationen zu lösen oder die Datensätze regelrecht umzuprogrammieren oder ganz auszuschalten.

Was einem Rat- und Hilfesuchenden bewusst wird, vollständig ins Bewusstsein gelangt, dafür findet er/sie auch Lösungsmöglichkeiten.

Die Informationen des Energiefeldes haben vorrangig eine Art Wächterfunktion für alle Teile des Körpers.

Diese speichernden Energiemedien können aber auch schwerwiegende Krankheitsbilder tragen, deren „Ausbruch" nur eines kleinen Anstoßes bedarf. So ein Anstoß wird dann als Restimulation (erneute Stimulation = Aktivierung) bezeichnet.

Lediglich die vollständig bewusst machenden Herangehensweisen schwächen die Auswirkungen von Restimulationen ab, sie greifen dann nicht mehr.

Der Verstand

In unserem Verstand sind weitaus mehr und vor allem detailiertere, genauere Informationen gespeichert als in all den vorangegangenen Speichermedien - er nutzt sogar die anderen Medien, zusätzlich zu seiner eigenen Befähigung.

Der Verstand ist in der Lage jegliche wahrzunehmende Kleinigkeit im Umfeld des Lebens aufzuzeichnen und im eigenen energetischen Speicher abzulegen. Sehen, hören, schmecken, riechen, fühlen, alle erdenklichen Wahrnehmungen sind dauerhaft gespeichert.

Die entscheidende Frage ist bei unserer Betrachtung allerdings: Was ist dieser Verstand eigentlich?

Eines ist ganz sicher: Der Verstand ist nicht das Gehirn! Denn das Gehirn ist lediglich ein Teil der Hardware, ein Teil des Körpers.

Vergleichen wir dies mit dem Aufbau eines herkömmlichen Computers, so sehen wir beim Gehirn eine Art Empfangsgerät mit einer hochwertigen, hochsensiblen Tastatur, mit der unser Verstand spielt und damit Zugriff auf den restlichen Organismus bekommt.

Aus dieser Betrachtungsweise heraus ist der Verstand nicht nur, nicht immer, nicht überwiegend oder überhaupt nicht ausschließlich innerhalb des Körpers.

Was ich jetzt behaupte kann besonders jemand nachvollziehen, der es zum Beispiel per Spiritueller Rückführungen geschafft hat auf seiner eigenen, vom Verstand so dargestellten Zeitlinie zu reisen.

Die Spirituellen Rückführungen verhelfen dazu, durch bewusstes Erleben, selbst in die eigene Vergangenheit zu schauen.

Dabei ist die rat- und hilfesuchende Person, die TAO-Seele, nach einer gewissen Zeit, auch in der Lage, in die Aufzeichnungen des eigenen Verstandes mehr oder minder von außen hinein zu schauen und damit seine Funktionsweise zu erkennen.

Die Person findet dort: Der analytisch arbeitende Verstand ist ein energetisches Konstrukt, zur Durchführung von Aktionen im physikalischen Universum.

Er ist ein weitgehend selbständiger Denker. Er arbeitet in Bildern voller Emotionen und Dynamik. Und: Er braucht Zeit zum Denken.

Ich kann hinzufügen, aus meiner eigenen Erfahrung oder aus der mit anderen: Nicht jeder Verstand arbeitet auf die gleiche Art und Weise.

Einige dieser Konstrukte funktionieren ohne allzu lange Verzögerungen, andere brauchen länger, um zum Punkt zu kommen.

Jedoch alle berechnen, werten gesammelte Daten aus und versuchen, wenn es nötig erscheint, ihre getroffenen Entscheidungen auch zu rechtfertigen.

Die vielfältigen Berechnungen führen so manches Mal, öfter als uns lieb ist, zu unkontrollierten sowie unkontrollierbaren Problemstellungen, die das Menschlein beziehungsweise sein Verstand nicht allein zu einer brauchbaren Lösung bringen kann.

Also bleiben Menschen dann, ohne Hilfe von außen, im Prozess der Entscheidung stecken. Fremdeinwirkungen führen sogar nicht selten zu Sturheit und Intoleranz und zu einem seltsamen Verhalten des Denkapparates. Sein Art zu Denken stellt sich dadurch, als wenig intelligent bis völlig unlogisch dar.

Negativ geführte, fremde Einwirkungen können durch körperliche oder geistige Gewalt geschehen. Ebenso wirken auch Einflüsse von Drogen und Narkose oder Hypnose. Sie führen zu einem nichtbewussten Zustand mit einem vorläufigen Datenverlust oder einem Datenmangel.

Auch felsenfest gefügte Dogmen und zementierte Vorurteile zählen dazu. Sie wirken wie Suggestionen.

Noch überwältigender wirken eine enttäuschende Hilfe oder zu hektischer Aktionismus. Dies ereignet sich vor allem im Zusammenhang mit Unfällen.

Die dabei einsetzende Bewusstlosigkeit nimmt verrückte Daten auf. Bei einem Schock oder in einem Komazustand geschieht etwas ähnliches. Die Realität wird ausgeblendet. Der Mensch fällt teilweise in das Drama eines früheren Lebens hinein.

Oftmals spricht man von Blockaden, Ablenkungen oder von Verwirrungen beim Verstand.

Dies ist im Wesentlichen auf falsch dargestellte, absichtlich fehlgeleitete oder mangelnde oder auf selbst oder von anderen abgewertete Daten zurückzuführen.

Übrigens: Solch ein Verstand ist nicht nur beim Menschen feststellbar. Auch Pflanzen und Tiere verfügen über ein ähnliches Denkkonstrukt, jedoch nicht so individuell sondern häufig kollektiv.

Dies ist im Großen und Ganzen die Verbindung zur übergeordneten, universalen Akasha-Chronik. In ihr sind alle, wirklich alle Daten gespeichert, die seit dem Anbeginn der Gestaltung des Spielfeldes, genannt physikalisches Universum, entstanden sind.

Per Spiritueller Rückführungen ist tatsächlich ein bedingter Zugriff auf die Wissensinhalte der Akasha-Chronik möglich.

Wie bereits erwähnt, ist der Sitz des energetisch konstruierten Verstandes nicht nur im jeweiligen Körper sondern oftmals hauptsächlich um den Körper herum, wenn nicht sogar in einer ziemlichen Entfernung davon.

Beispielsweise befindet sich eine irgendwie geistige "Leinwand" für verschiedene Vorstellungen des Verstandes, vorgestellte Bilder und ganze Filme, bei jedem in unterschiedlicher, nicht nur gedanklicher Entfernung.

Dies lässt sich leicht feststellen, wenn man:

1) Einfach die Augen schließt,
2) sich ein geistiges Bild macht
   (zum Beispiel: Rosarotes Nilpferd),
3) mit einem Zeigefinger darauf deutet,
4) den Finger dort lässt und dann
5) die Augen öffnet.

Der nun deutende Zeigefinger gibt so die Position der persönlichen, geistigen "Leinwand" an.

Dass der Verstand ein energetisches Konstrukt und nicht das Gehirn ist, können besonders Menschen bezeugen, denen es bereits gelungen ist, per Spiritueller Rückführungen, einen oder mehrere Tode bewusst mitzuerleben.

Die vollständigen Aufzeichnungen eines jeden Verstandes werden nämlich, über den jeweils körperlichen Tod hinaus, auch in körperlich erlebbare Folge-, Folge-, Folgeleben mitgenommen.

Sie wirken sich dabei unmittelbar auf diese nachfolgenden Leben aus, wenn sich suggestiv dramatische sowie dramatisierte, nichtbewusste Kreisläufe (Circuite) in einem Verstand eingenistet haben und hauptsächlich nichtbewusst, weiterhin dramatisiert werden.

Die Existenz dieser schwerwiegenden Kreisläufe findet sich sogar in deutschen Sprichwörtern und Volksweisheiten bestätigt.

Beispielsweise: "Im Teufelskreis feststecken" oder "Der Hund (die Katze oder die Schlange) beißt sich in den eigenen Schwanz".

Um sich solchen kreiselnden, ständigen Wiederholungen, in der Art und Weise von Suggestionen, entziehen zu können, müssen sie jemandem zuerst einmal bewusst werden.

Erst dann kann der Verstand versuchen die Zusammenhänge analytisch zu erfassen, um das entstandene Problem zu lösen und schließlich gegen diese eingefahrenen Strömungen zu steuern. Nur durch Bewusstwerdung kann jemand den Kreislauf verlassen.

In dem mehr oder weniger perfekten Zusammenspiel all der unterschiedlichen, physischen Speichermedien gestehe ich der Sonderstellung des energetischen Verstandes eine herausragende Führungsposition zu.

Er kann als einziges dieser Instrumente Daten nicht nur speichern, sondern sie auch auswerten.

Er kann ihnen eine unterschiedliche Wichtigkeit beimessen und Berechnungen anstellen.

Zudem erzeugt er ständig Spielsituationen in Form von Problemdarstellungen, um bei Gelegenheit auch eine oder mehrere Lösungen dafür zu finden.

Leider wird aus dem geistig erzeugten Eindrucksbild heraus, immer wieder einmal eine physische Manifestation, mit der wir dann im realen Dasein konfrontiert sind.

Das Konstrukt Verstand hat zudem nicht immer perfekte Lösungen für derartige Problematiken, weil ihm oftmals Daten fehlen, die in früheren Geschehnissen im Nichtbewussten verschüttet und per Dramatik (in der Art und Weise von Emotionen wie Angst, Schmerz, Wut, ...) abgesperrt wurden.

Die Fähigkeit des Verstandes bezeichnen wir gemeinhin als Denken. Zu dieser seiner Denkfähigkeit, besonders zur Auswertung von Daten, zieht der Verstand alle verfügbaren Informationen heran, analysiert diese und zieht seine Schlüsse.

Das Denken des Verstandes ist eine höherwertigere Maßnahme zur Erhaltung des Lebens.

Sie geht über das automatische Denkvermögen des Gehirns und über den bei anderen Lebensformen üblichen Reiz-Reflex-Reaktions-Mechanismus hinaus und kann diese sogar übergehen.

Bei den niederen Lebensformen beherrscht allein dieser Reiz-Reflex-Reaktions-Mechanismus, als Sicherheitssystem, alle nach Möglichkeit schnell, emotional gestalteten Lebensabläufe:

Bei **Hunger** wird gefressen. Der **Schmerz** reguliert den Abstand zu verletzenden Gefahren. Die **Angst** sorgt für Respekt vor den Stärkeren und vor Naturkräften. Die **Apathie** ist ein sich Totstellen gegenüber überlegenen Feinden.

Als nichtbewusster Anteil ist der Reiz-Reflex-Reaktions-Mechanismus auch beim Menschen, bei jedem Menschen, im Zusammenhang mit der Funktionsweise des Gehirns und parallel zum Verstand, immer noch vorhanden.

Setzt dieser Mechanismus urplötzlich ein so spinnt sich Verwirrung ins System. Besonders, wenn die Reaktion für den Verstand offensichtlich unangemessen ist.

Als Folge verliert erst der Verstand und dann sogar TAO oder „die Person selbst" vorübergehend oder dauerhaft die Kontrolle.

Das menschliche System reagiert dann ohne Vernunft auf etwas, das mit dem Gegenwärtigen nichts zu tun hat.

Dieses Etwas ist eine Restimulation von Datenmaterial, das vom System in Situationen mit völliger oder teilweiser Bewusstlosigkeit, in die Bestandteilen seiner Speicher aufgenommen wurde.

Diese so vorhandenen Eindrücke, in Worten, Bildern und Emotionen, sind dann dafür verantwortlich, dass etliche Leute im gegenwärtig modernen Dasein geistige Barrieren, Depressionen, Ängste und psychosomatische Erscheinungen haben, die sie im Leben mehr oder weniger stark beeinträchtigen.

Mit der Erfahrung aus Spirituellen Rückführungen kann ich sagen: Die Reaktion hat gewöhnlich uralte Ursachen.

Sie gehört in ihrer Ausprägung nicht in diese, zumeist weitaus weniger gefährliche Umgebung.

Der Reiz-Reflex-Reaktions-Mechanismus beruht nämlich auf den gespeicherten Daten alter Informationen von Gefahr und den damit verbundenen, dramatischen Emotionen. Diese gefahrbetonten Informationen brannten sich suggestiv tief in eines oder in mehrere der Speichermedien hinein und wurden in dieses Leben übernommen.

Häufig sind diese Situationen mit herabgesetztem Bewusstsein verbunden bis hin zu einem körperlichen Tod.

Es ist daher ungeheuer wichtig, dass bei Leuten die Schmerz empfinden oder die durch eine schwere Krankheitserscheinung nicht ganz bei Bewusstsein sind und schon gar, wenn sie durch Unfall, Narkose oder Hypnose ganz bewusstlos wurden, nichts, absolut nichts gesprochen wird!!!

Jedes noch so harmlos erscheinende Wort wirkt in solchen Situationen wie eine unterschwellig beeinflussende Suggestion.

Sowohl die Aufzeichnungen des hochbegabten Verstandes als auch die kaum kontrollierbaren Inhalte des Reiz-Reflex-Reaktions-Mechanismus gehen zurück bis vor die Geburt. Hier spreche ich noch nicht einmal von früheren Leben. Auch jene nichtbewussten Aufzeichnungen, die ein noch ungeborenes Wesen im Mutterleib empfängt, können intensiv prägend für das künftige Leben sein.

Wesenheiten mit einem funktionstüchtigen, hochbegabt analytischen Verstand setzen sich zeitweilig über die unterschwelligen Reize und die dazu gehörenden Emotionen hinweg, stellen diese in Frage und erfinden Hilfsmittel, um Kontrolle darüber zu erlangen.

Besonders die hochbegabten und vernünftigen Menschen versuchen permanent die primitiven Reize auszuschalten, sie zu unterdrücken oder ganz aufzuheben.

Allerdings sind seine Aktionen, vorrangig vom Verstand erschaffen, nicht immer die glücklichsten, wenn es um den Erhalt des natürlichen Gleichgewichtes geht. Oft ist es dabei so, dass die in Anwendung gebrachte Datenmenge, das nötige Wissen, einfach noch nicht vollständig ist, während bereits gehandelt wird.

Dieser vorschnelle, geradezu blinde Aktionismus hat dann wieder eine gewisse Ähnlichkeit mit dem urtümlichen Überbleibsel, des Mechanismus zur arterhaltenden Reaktivität, der ursprünglich ganz natürlich auf Schnelligkeit programmiert wurde.

Mittels Rationalisierung erschafft sich der schlaue Verstand von Menschen vorgetäuschte Ausweichmöglichkeiten, nur um nicht zugeben zu müssen, dass er doch nicht der Meister über alle körperlichen und geistigen Funktionen ist. Diese Rationalisierung zeigt sich besonders dann deutlich, wenn Suchtverhalten entschuldigt werden soll, wie beim Rauchen, Trinken und bei härteren Drogen.

Aufgrund solcher Ausweichmanöver durch Rationalisierungen und weil der alte, urtümliche Reiz-Reflex-Reaktions-Mechanismus bei vielen Leuten einfach viel zu häufig durchschlug, ist der Verstand in früheren Kulturen und bei gewissen philosophischen Denkweisen in Verruf gekommen.

Ihm wurde nachgesagt, dass er Menschen in die Irre leitet. Seine Funktion wurde damals und wird noch heute in Frage gestellt.

Darunter leidet mittlerweile sogar die Betrachtung zu TAO, denn heute wird die Seele als mehr oder minder zufälliges Anhängsel beim Menschen betrachtet und häufig absichtlich dem Verstand untergeordnet.

Weil sich dieser, unser Verstand anscheinend doch nicht vollständig über all die anderen Einflussfaktoren aus dem Körper hinwegsetzen kann, stellen sich mir die Fragen:

„Von wem wurde der Verstand erstellt?", „Zu welchem Zweck?" oder „Wurde das gesamte energetische Konstrukt etwa absichtlich fehlerhaft konstruiert?"

Anstelle einer möglichen Antwort drängt sich mir eine weitere Fragestellung auf: „Kann es sein, dass wir hier nur einen weiteren Spielfaktor vorfinden?"

So wie wir uns einst das weitgehende „Vergessen" auferlegt haben, nur um das „Große Spiel" interessanter zu gestalten, kann es doch durchaus auch sein, dass von Geistigen Wesenheiten weitere Unwägbarkeiten eingewebt wurden.

Alleine schon die Diskrepanz im Führungsanspruch zwischen dem Gehirn, dem Herzen und/oder dem Bauch, alle sind unserem Körpersystem zuzurechnen, und schließlich dem Verstand, einem vom Körper weitgehend unabhängigen, energetischen Konstrukt, ist wohl kein Zufall.

Das Gehirn, besonders das Großhirn mit der Großhirnrinde und seinen direkten Verbindungen zu den Nervenbahnen, ist als Führungsinstanz relativ jung.

Das Hirn scheint aber tatsächlich, entgegen den anscheinend eher emotionalen Widersachern Herz und Bauch, mit einer gewissen Denkfähigkeit ausgestattet zu sein.

Was, trotz vielerlei, schlauer Untersuchungen, noch immer zu beweisen wäre.

Immerhin kann den ältesten Anspruch auf Führung, über allerlei Systeme des Körpers, der Bauch für sich geltend machen.

Wobei sein eher weicher Zustand den Schluss zulässt, dass seine urtümliche Entstehungsgeschichte bis auf den Aufenthalt von quallenartigen Lebewesen in den Urmeeren zurückgeht, irdischen sowie nichtirdischen.

Dem Herzen können wir zeitgeschichtlich offenbar eine etwas spätere Entstehung zuschreiben. Dessen Kraft und mitfühlende Art weise ich gerne den frühen Dinosauriern zu.

Immerhin waren dies Lebensformen, die heute noch als besonders dominant gelten. Eine sehr lange Zeitspanne waren sie bestimmend, über alles Leben auf Erden.

Bei diesen Wesen vermute ich, aus der Sicht von vielen Spirituellen Rückführungen, ein besonders enges Gefühl von gegenseitiger Verbundenheit. Dadurch hat sich ihr Überlebensniveau ausgezeichnet harmonisiert und stabilisiert.

Aus heutiger Sicht würden wir deren Miteinander sowie ihr Gegeneinander, vielleicht als ausgeglichen bezeichnen.

Starken Herzen wird ein ebensolches, harmonisch wirkendes Gefühl der Zusammengehörigkeit zugerechnet.

Leo Tolstoi scheint dies zu bestätigen, wenn er äußert:

„Im Herzen eines Menschen ruht der Anfang und das Ende aller Dinge."

Johann Wolfgang von Goethe meint in diesem Thema:

„Welch eine himmlische Empfindung ist es, seinem Herzen zu folgen."

Bitte verwechselt meine Darlegungen nicht mit den im Menschen physisch entstandenen Bestandteilen. Hiermit ist fast ausschließlich die energetische Qualität von Bauch und Herz gemeint. Auch eine spirituelle Art und Weise kann dort andocken.

Wir mentalen Helfer müssen uns im klaren darüber sein, dass sowohl das Bauchgefühl als auch die Emotion des Herzens, nur im übertragenen Sinne selbstbestimmte Einheiten darstellen.

Dennoch sind deren machtvollen Eindrucksbilder auf die jeweiligen Menschen nicht zu unterschätzen. Immerhin haben sehr viele Wesenheiten mit diesen Kräften übereingestimmt.

Was ist das Energiefeld?

Aura: Lateinisch = "Lufthauch, sanft bewegte Luft, Dufthauch". Im allgemeinen okkulte, unsichtbare Strahlungserscheinung, die einen lebenden Organismus, Mensch, Tier oder Pflanze, umgeben.

Diese Definition ist bereits sehr hilfreich, wenn Du, mein Freund, Dich an Spirituelle Rückführungen wagst.

Dir wird nämlich im Laufe der Maßnahmen immer wieder einmal etwas begegnen, das Du wahrnehmen kannst sobald sich die Energien Deines Rat- und Hilfesuchenden verändern. Dazu musst Du noch nicht einmal besonders begabt im Umgang mit Energiefeldern sein. Schließlich ist jeder von uns mehr oder weniger in der Lage, die Energien seiner Umgebung zu spüren.

Mit etwas Übung wird aus dem Weniger ein Mehr. Je öfter Du mit den Spirituellen Maßnahmen umgehst, umso leichter wird es Dir fallen die Energiefelder Deiner Mitmenschen wahrzunehmen.

Eine etwas umstrittene Möglichkeit zur technischen Abbildung von Energiefeldern ist die Kirlianfotographie.

Es fehlen nämlich handfeste Belege darüber, ob die mittels Kirlianfotografie abgebildeten Korona-Entladungen tatsächlich ein Abbild der Aura sind.

Diese Darstellung einer Aura-Energie wird auch von Seiten der meisten Anhänger, der Vorstellung eines dem Menschen beigemessenen Energiekörpers, als falsch erachtet.

Als Energiekörper oder Aura eines Menschen wird in verschiedenen Lehren eine Ausstrahlung bezeichnet. Sie soll für entsprechend empfindsame („synästhetische" oder "sichtige") Menschen als Farbe oder Farbspektrum wahrnehmbar sein, das den Körper wolken- oder lichtkranzartig umgibt.

Nach Ansicht der meisten Vertreter der Energiekörperlehre, besteht diese Aura aus mehreren Schichten, die eng mit den Chakren eines Menschen verknüpft sind.

Häufig ist die Ansicht, die Aura des Menschen bestehe aus sieben Schichten, die den sieben Hauptchakren entsprechen. Manche Schichtenkonzepte weichen jedoch davon ab.

So gibt es verschiedene Systeme, in denen drei bis neun Schichten beschrieben werden.

Im westlich geprägten Reiki werden vier Ebenen unterschieden: Ätherische Aura (*Ätherkörper*), die emotionale Aura (*Emotionalkörper*, *Gefühlskörper* oder der *Astralleib*), die mentale Aura (*Mentalkörper*) und die spirituelle Aura (*spiritueller Körper*, *Kausalkörper*).

Im wesentlich älteren, japanischen Reiki wird mit dem, aus dem chinesischen Daoismus kommenden, dreiteiligen Dantian-Modell gearbeitet.

Dieses einfache Modell bezeichnet lediglich die „energetischen Zentren" des Körpers.

Es werden mehrere Dantian unterschieden:

1) *Shang dantian*, oberes Dantian: Über der Nasenwurzel, in der Mitte zwischen den Augenbrauen.

2) *Zhong dantian*, mittleres Dantian: in der Mitte des Brustkorbes in etwa auf der Höhe der Brustwarzen.

3) *Xia dantian*, unteres Dantian: In der Region des Unterbauches, etwa 1,5 Cun (dies entspricht der Breite von Zeige- und Mittelfinger) unterhalb des Bauchnabels. Um den Bauchnabel herum spricht man vom *vorderen Dantian.*

Nicht zu den traditionellen Dantian, aber bedeutend für Übungen im Qigong, gehört:

4) *Hou dantian,* hinteres Dantian: Befindet sich am Rücken, etwa in Höhe des 2. / 3. Lendenwirbels auf dem Akupunkturpunkt *Mingmen*.

In der Lehre des Taijiquan (Tai Chi Chuan) und beim Qigong bezeichnet Dantian den energetischen Schwerpunkt eines Menschen.

Beim Heilen durch Energetisieren und bei der daoistischen Meditation wird die Aufmerksamkeit auf diese Regionen gelenkt.

Die Dantian werden mit den daoistischen Begriffen von Vitalität, Energie und belebendem Geist assoziiert.

Nach überlieferten Vorstellungen der TCM (Traditionelle Chinesische Medizin) gibt es Meridiane mit zwölf Hauptleitbahnen.

Jeder dieser Meridiane ist einem speziellen Funktionskreis, einem Organsystem, zugeordnet.

In den Kanälen oder Leitbahnen fließt die Lebensenergie (Qi oder Chi). Dieses Flusssystem bildet zusammen das Energiefeld, sowohl im Menschen als auch zudem um ihn herum.

Unter Organe versteht man in der chinesischen Medizin (TCM) Funktionskreise von Organsystemen, welche wiederum mit der Muskulatur, dem Bindegewebe, dem Lymphsystem und natürlich auch mit dem Nervensystem verbunden sind.

Störungen im wechselseitigen Zusammenspiel von Durchblutung, Atmung und Verdauung lassen sich ganz einfach über die Diagnose der Haut, der Zunge, der Augen und prinzipiell über jeden Teil des Körpers feststellen.

Auf den Meridianen liegen die Akupunktur-Punkte, die bei einer Akupunktur mit Nadeln und bei Akupressur mit gezieltem Fingerdruck oder einer Klopftechnik behandelt werden.

Jeder Meridian hat laut chinesischer Medizin (TCM) auch einen Bezug zur Psyche des Menschen und liefert so auch Anhaltspunkte zum Gefühlszustand.

Im Konzept der Meridiane finden wir ein eindeutig zurechenbares Wechselspiel von körperlichen und geistigen Zuständen.

Verschiedene Therapien, unter der Einbeziehung von Meridianen, sollen den Patienten entweder beim Gesundbleiben helfen oder zum Gesundwerden beitragen.

Die Gesundheit ist nach den Vorstellungen der TCM unter anderem verbunden mit einem freien und ausreichenden Fluss des Qi (Chi) in den Meridianen.

Wenn zum Beispiel zu wenig Qi fließe, könne schädliches Qi in den Kanal eindringen und das zugehörige Organ, also den Funktionskreis, schädigen.

Wir sehen, es gibt etwas unterschiedliche Betrachtungsweisen zum Energiefeld, je nach Kulturkreis sowie ebenso nach Religionszugehörigkeit.

Weltweit haben wir allerdings entsprechende Aussagen, die auf ein tatsächlich vorhandenes, energetisches Feld hindeuten.

Ein weiteres Beispiel: Die Kelten kannten oder kennen Wyda, eine Energielehre, die mit dem Yoga verwandt erscheint.

Deren Verständnis für das Energiefeld wird in drei Stufen unterteilt, die jeweils aus drei Abschnitten bestehen:

Die **erste** große **Stufe** besteht zum wesentlichen Teil aus Körperübungen. Diese wirken auf die drei Energiefelder des Menschen ein, welche in das vitale (Sitz im Unterleib), das emotionale (Brustbereich) und das mentale (Kopf) Feld unterteilt werden.

Die **zweite** große **Stufe** ist, in der Lehrzeit von Druiden, diejenige der Magie.

An der **dritten** großen **Stufe**, derjenigen der Befreiung, arbeiten die Druiden dann ihr ganzes weiteres Leben lang.

Drei kleinere Stufen zielen auf die Vereinigung der Felder ab.

Der beständig Übende trägt bei seinen regelmäßigen Übungsritualen Natursubstanzen mit sich, die er zu einem energetisch wirksamen Muster aufbaut.

Das Ritual und verschiedene Übungen werden mit dem Singen der Energietöne verbunden. Der Ton „Ah" wirkt auf das Vitalfeld, „Oh" auf das Emotionalfeld und „eM" auf das Mentalfeld.

Wie funktioniert das Energiefeld?

Die Energie ist sowohl in uns als auch um uns herum. Sie fließt entweder selbständig, bewegt sich also aufgrund physikalischer Vorgänge, oder sie wird von uns, TAO, dem Geistigen Wesen, bewegt.

Energie ist ohne jede Wertung (ob gut oder böse). Sie ist einfach eine Kraft oder ein Potenzial von Kraft zur Bewegung.

Sie ist somit entweder eine tatsächlich ausgeführte Bewegung oder eben eine potenzielle Kraft.

Zu Materie gebundene Energie ist dabei eine Gruppe von Energiepartikeln, die sich in einem relativ stabilen Verhältnis zueinander in Position befinden.

Dieses Verhältnis von der Energie zur Materie, beziehungsweise von fließender Energie zu stehender Energie wird auch in dem chinesischen I-Ging, dem "Buch der Wandlungen", beschrieben:

„Wandel ist Yin und Beständigkeit ist Yang,
aber genauso umgekehrt.
Der Wandel ist beständig, das einzig Beständige"

Wir, TAO, sind fähig mit Energie umzugehen. Wir sind dabei die Erschaffer von energetischen Zuständen und ebenfalls von materiell manifestierbaren Dingen.

Uns obliegt in diesem Zusammenhang die Verantwortung für alle energetisch ablaufenden Ereignisse. Dies bezieht sich sowohl auf die Umgebung in der wir uns befinden, als auch auf die Körper mit denen wir im Leben verbunden sind.

Auch Krankheits- und Heilungsprozesse, gleich welcher Art, vollbringen wir demzufolge immer selbst. Äußere Einflussfaktoren sind nachrangig. Es gibt auch niemanden der uns heilen kann. Lediglich unterstützende Hilfe können wir erwarten. Als TAO-Seele befinden wir uns im Zustand von Selbstermächtigung und Selbstbestimmung.

Was wirkt auf das Energiefeld ein?

Biologisches und Chemisches:
Nahrung, Drogen, Gifte, Krankheitserreger

Fremdenergien (natürliche und technische):
Erdstrahlen, kosmische Strahlung, Wasseradern, elektromagnetische Strahlung, Mikrowellen, Radarstrahlung, Röntgenstrahlen

Bioenergetisches:
Magnetische Anziehungskraft, die Beeinflussung durch Suggestion und Hypnose sowie durch dogmatische Überwältigung (etwa wie Schulung)

Andere Wesenheiten:
Karmische Verstrickungen, Liebes- und/oder Hassübereinstimmungen, Besetzungen

Selbstvergiftung durch Ernährung:

Dem Energiefeld kann durch die Nahrungsaufnahme Gutes getan werden oder eben auch Vergiftendes. Denn nicht alles was wir als „Nahrung" zu uns nehmen, dient dem Körper mit seinem Feld.

Die Zielsetzung der folgenden Ausführungen ist die Behebung der persönlichen Energiekrise von Menschen, die um entsprechende Hilfe nachsuchen (Auszüge aus „Fit for Life", von Harvey und Marilyn Diamond).

Ein kluger Mensch hat den folgenden Spruch kreiert:

**"Du bist dabei Dich umzubringen,
doch das ist ganz und gar nicht notwendig."**

Durch Anhäufen von denaturierter (gekochter, gebratener, ge-grillter) Nahrung übersäuert man den Körper. Auch weißer, denatu-rierter Zucker sowie Produkte aus weißem Mehl tragen dazu bei.

Zuviel Kaffee oder schwarzer Tee, Alkohol sowie süße Limonaden (Softdrinks), besonders mit viel Kohlensäure, säuern das im Vergif-tungsprozess befindliche Körpersystem ebenfalls immerfort auf.
Falsch zusammengestellte Nahrung liegt viel zu lange im Magen und verbraucht unnötig viel Energie für die Verdauung.

Die giftigen Schlacken werden nicht richtig ausgeschieden, wenn Menschen die natürlichen Körperzyklen nicht einhalten.
Die Nichteinhaltung der Körperzyklen behindert den Verdauungs-vorgang und baut vermehrt giftige Schlacken auf.

Die natürlichen Körperzyklen sind:

Von morgens 4.00 bis mittags 12.00 Uhr

Ausscheidung

von Schlacken und Nahrungsresten

Hier liegt tatsächlich unmittelbar das Geheimnis einer erfolgrei-chen Gewichtsreduzierung:

Wir müssen die giftigen Abfallstoffe und die Stoffwech-selschlacken wieder loswerden, die wir unnötig mit uns her-umschleppen!

Von mittags 12.00 bis abends 20.00 Uhr

Aufnahme

Nahrungsaufnahme
durch Essen und Trinken + Aufschließen

Solange der Magen leer ist, kann Obst gegessen werden oder es kann ungezuckerter Saft getrunken werden, und zwar soviel und sooft man will.

Lediglich vor dem Verzehr anderer Nahrung sollten 20 bis 40 Minuten vergehen, damit das Obst oder der Saft Zeit haben, den Magen zu durchlaufen, ihn wieder zu verlassen.

Wie lange muss man wohl nach dem Verzehr anderer Nahrung warten, bis wieder Obst gegessen werden darf?

Hier einige Faustregeln:

Nahrung	**Wartezeit**
Salat oder rohes Gemüse	zirka **2** Stunden
richtig zusammengestellte Mahlzeit ohne Fleisch	zirka **3** Stunden
richtig zusammengestellte Mahlzeit mit Fleisch	zirka **4** Stunden

Säfte sollten gut eingespeichelt werden, nur in kleinen Schlucken getrunken und nicht hinunter geschüttet werden.

Von abends 20.00 bis morgens 4.00 Uhr

Ausnutzung

Absorption in die inneren Organe und Verwertung

Die falsche Zusammensetzung der Nahrung ergibt sich aus einer zu großen Menge an konzentrierter Nahrung, ohne ausreichend hohen Wassergehalt.

Die Schlacken von konzentrierter Nahrung, der Nahrung beigefügte Zusätze, verunreinigte Luft und unsauberes Wasser erzeugen nicht nur körperlichen Stress.

Dies alles und zusätzlicher Stress aus der Umgebung (Familie, Arbeit, Beruf, ...) sind Ursachen für die Vergiftung und Übersäuerung unseres Körpersystems.

Löse Dich von dem Gedanken ein Fleischfresser zu sein oder unbedingt Fleisch zu brauchen.

Die Menschen besitzen nicht eine einzige anatomische Voraussetzung, die darauf hinweist, dass sie zum Reißen, Aufschlitzen oder Zerreißen von Fleisch für den Verzehr geschaffen sind.

Die Menschen haben <u>Backenzähne</u> zum Zerquetschen und Zermahlen. Unsere Kiefer bewegen sich seitwärts zum Mahlen und nicht auf und ab, wie bei typischen Fleischfressern.

Unser <u>Magen</u> hat im Unterschied zu den Fleischfressern eine <u>längliche Form</u> mit komplizierter Struktur. Deren Magen ist nur ein einfacher, runder Sack.

Auch ist deren <u>Darm</u> nur drei Mal so lang wie ihr eigener Körper und der unsere ist <u>zwölf Mal</u> so lang. Dadurch bleiben die giftigen Rückstände des verzehrten Fleisches bei uns länger im Körper.

Diese Unterschiede und noch etliche mehr beweisen eindeutig, dass wir mit den sich von Fleisch ernährenden Tieren, absolut nichts gemeinsam haben.

<u>Fleisch besitzt so gut wie keine Kohlenhydrate</u>, es hat also keinen brauchbaren Brennwert. Es versorgt unseren Körper nur minimal mit Energie. Das <u>Fleisch hat so gut wie keinen Faserstoffgehalt.</u> Allein die für uns unbedingt wichtigen Faserstoffe vermeiden Verstopfungen und Hämorrhoiden.

Sowohl Eier als auch Fisch und Fleisch im erhitzten Zustand, sind völlig unbrauchbar für den menschlichen Körper. Denn die <u>Aminosäuren gerinnen beim Kochen, Braten und Grillen</u> und gehen dadurch verloren. Das enthaltene Eiweiß erhöht die Kraft dann nicht, es liefert keine Energie mehr. Im Gegenteil, es verbraucht sie beim Verdauungsprozess.

Stelle um auf Sonnenkost

<u>Obst, Gemüse und Salate</u>, das ist die Sonnenkost, das ist Nahrung für Dich.

Wenn Du überschäumende Lebensfreude empfinden, Dich in der bestmöglichen körperlichen und auch in der geistigen Verfassung befinden willst, musst Du lebendige Nahrung zu Dir nehmen.

Die <u>Vitalstoffe</u>, die wir Enzyme nennen, sind das Lebensprinzip in Atomen und Molekülen jeder lebenden Zelle.

Die Enzyme in den Zellen des menschlichen Körpers entsprechen genau den Enzymen der Vegetation, der Pflanzenwelt, die wir als Obst, Gemüse und Salate essen.

Erhitzt man Nahrung auf über 54 Grad Celsius, wird über die darin enthaltenen Enzyme das Todesurteil gesprochen. Die eigentlich gesunde Nahrung ist jetzt tot!

Obst ist das wichtigste Nahrungsmittel, das Du überhaupt essen kannst. Allein schon deshalb, weil fast jede Obstart zwischen 80 und 90 Prozent reinigendes, lebenspendendes Wasser enthält.

Außerdem kommen dazu all die wertvollen, natürlichen Vitamine, Mineralstoffe, Kohlenhydrate, Aminosäuren und Fettsäuren die der menschliche Organismus für seine Existenz braucht.

<u>Das Obst wird</u> nicht im Magen sondern <u>im Darm verdaut</u>. Deshalb sollte es nie zusammen mit einer anderen Nahrung oder unmittelbar nach anderer Nahrung verzehrt werden.

Das Obst soll nämlich nicht lange im Magen bleiben. Solange der Magen leer ist, kannst Du Obst essen so viel und so oft Du willst.

Das Obst verbraucht zu seiner Verdauung weniger Energie, als jede andere Nahrung: Dadurch wird die von Obst gelieferte Energie frei verfügbar.

Diese Energie trägt dazu bei, den Körper zu reinigen, ihn zu entschlacken. Dadurch fördert und beschleunigt Obst die Entgiftung.

Zielsetzung:

Die Behebung der persönlichen Energiekrise - keine Energie, kein vitales Leben.

Betrachte das Ritual der Nahrungsaufnahme sowie Deine Nahrung selbst immer unter dem Aspekt der Energiegewinnung.

Dies und etliches mehr sind die Ursachen für die Vergiftung und die Übersäuerung unserer Körpersysteme:

1) Falsche Zusammensetzung der Nahrung, 2) eine unzureichende Menge an Nahrung mit hohem Wassergehalt, 3) die Schlacken der konzentrierten Nahrung, 4) der Nahrung beigefügte, chemische Zusätze, chemische Süßstoffe, 5) verunreinigte Luft (beispielsweise verqualmte Räume) und 6) unsauberes Wasser, 7) sodann Drogen, 8) Schlafmangel sowie 9) Stress.

Um beim Essen nicht noch mehr Stresshormone anzuhäufen, sollte zumindest hierbei eine entspannte Atmosphäre herrschen.
Dabei ist es ziemlich egal, wo das Essen eingenommen wird. Hauptsache die Ruhe für die Nahrungsaufnahme stellt sich ein.

Gerne erinnere ich mich in diesem Zusammenhang an ein gemütliches Pizza-Essen auf einem Friedhof. Soviel sonnendurchflutete Natur und so eine ruhige Umgebung habe ich in Restaurants oder Biergärten noch nie erlebt.

Weil wir unsere Nahrung falsch zusammenstellen, haben wir eine fortwährende Energiekrise in unserem Körper.
Die falsche Nahrungsmittelkombination braucht Zeit, viel Zeit für die Verdauung und sie kostet wertvolle Energie.
Bei optimaler Kombination wird die Nahrung vollständig abgebaut und vom Organismus ihrer Bestimmung zugeführt.
Unser Magen ist nämlich nicht in der Lage, mehr als eine Art von konzentrierter Nahrung gleichzeitig zu verdauen:

Also entweder nur Tierisches, wie Fleisch oder Fisch, oder nur Pflanzliches, wie Klöße, Kartoffeln, Brot.

Alleine gegessen beträgt die Verweildauer im Magen jeweils vier Stunden. Gemischt gegessen beträgt die Verweildauer etwa acht Stunden.

Weil wir unsere Nahrungsmittel häufig falsch zusammenstellen und wir zuviel konzentrierte Nahrung zu uns nehmen (alles außer Obst, Gemüse und Salat ist wasserarme, konzentrierte Nahrung) haben wir eine dauernde, völlig unnötige Energiekrise in unserem Körper.

Dieser andauernde Körperstress, zusätzlich hervorgerufen durch negative Emotionen und schwerwiegende Denkprozesse, hat auch Auswirkungen auf die analytische Denkfähigkeit des Verstandes.

ACHTUNG: Ungefähr 25 Prozent der mutigen Menschen, die es wagen den Weg der Nahrungsumstellung zu beschreiten, verspüren zirka 14 Tage lang ein anfängliches Unwohlsein. Dies ist auf den einsetzenden Prozess der Entgiftung zurückzuführen.

Nur, wenn der Entgiftungsprozess zu rasch erfolgt oder eine Vergangenheit mit Medikamenten beziehungsweise mit Drogen vorliegt, können stärkere Beschwerden auftreten.

Die Entgiftung erfolgt sowohl über das Blut, den Darm und die Haut als auch über die Schleimhäute.

Unterstütze daher die Entgiftung zusätzlich, indem Du viel sauberes Wasser trinkst (speziell in Deutschland hat bereits das Leitungswasser eine hohe Qualität).

Die richtige Einstellung gegenüber all den vorübergehenden Beschwerden ist:

**Betrachte den Reinigungsprozess
als notwendiges Übel, beim Zurückgewinnen
körperlicher und geistiger Leistungsfähigkeit.**

Bewegungsmangel

Je weniger sich jemand bewegt, desto bewegungsunfähiger wird sein Körper. Der Organismus wird lahm gelegt, indem sich Verspannungen aufbauen.

Alle Körperfunktionen arbeiten dann zunehmend schleppender. Auch die Atmung und die Verdauung lassen zu wünschen übrig.

Daher gehört zu jeder gesunden, harmonischen und vitalen Lebensführung eine vernünftige Körperertüchtigung.

Je nach der anfänglichen Kondition solltest Du, entweder geleitet durch spezielle Trainer oder auch im Alleingang, Dein Körpersystem in angebrachter Dosierung zu einer angemessen höheren Leistungsfähigkeit bringen.

Bitte, vermeide dabei unbedingt einen übertriebenen Ehrgeiz. Am sichersten bringst Du den Körper mit Laufen, Schwimmen und mit Gymnastik in Form.

Als Übungen für eine verbesserte Körperbeherrschung empfehle ich besonders Yoga und Tai Chi oder Scutilon, eine von mir entwickelte Schütteltechnik.

Das Tai Chi Chuan, auch mit der deutschen Bezeichnung „Schattenboxen", war früher eine Art Kampftechnik.

Heute bezeichnet man diese Bewegungskunst auch als „Schwimmen in Luft" oder als „Meditation in der Bewegung".

Du gewinnst mit Yoga, Tai Chi und Scutilon mehr Kontrolle über Deinen Körper und über Deinen Verstand und über die unmittelbare Umgebung. Du erlebst ein sehr viel positiveres Lebensgefühl im Hier und Jetzt.

Das Ziel dieser Bewegungskünste ist:

Bewusstheit in der Gegenwart, das Herbeiführen extravertierten Sinnerlebens im bewussten HIER und JETZT.

Sie führen über das nach innen gerichtete Denken schließlich zu einem Erlebnis im Raum.

Außerdem wird die gesamte Körperstruktur sowohl gestärkt als auch zugleich elastisch erhalten.

Körperliche und geistige Stresszustände werden zunehmend beseitigt. Die Harmonie, die Vitalität und ein allgemeines Wohlbefinden werden gesteigert oder kehren ein.

Künstliches Licht

Die Sonne ist, mit ihrem Licht das sie aussendet, der Lebenspender Nummer Eins für alles Leben auf Planet Erde. Sobald das Licht der Sonne unsere Räume und damit unser Gemüt durchflutet, beginnen wir aufzuleben.

Die Arbeit geht uns sehr viel leichter von der Hand, Heilungsprozesse werden beschleunigt, die Lebensenergie fließt besser und pulsiert intensiver.

Vor allem Krankenhäuser, Heime und Schulen sollten deshalb hell und sonnig sein, wie es uns speziell die alten Griechen vorgemacht haben.

Einen in etwa annähernden Ersatz können wir von hochwertigen Beleuchtungskörpern erwarten.

Mit ihrem Licht, das dem Licht der Sonne ähneln sollte, kann auch ein ähnlich belebender Effekt erzielt werden.

Empfehlenswert sind allerdings nur solche Licht- und Energiespender, die auch elektromagnetisch abgeschirmt sind, die uns nicht mit solch „harter" Strahlung überfluten, wie sie zum Beispiel von billigen Leuchtstoffröhren ausgeht.

Das Neonlicht dieser Röhren, wie es noch immer gehäuft in Läden, Büros, Schulen, Heimen, Krankenhäusern und Werkstätten verwendet wird, ist schädlich und vernichtet Vitamin A. Dadurch wird auch das Augenlicht empfindlich gestört.

Sonnenlicht hingegen trägt zur Bildung von Vitamin D im Körper bei, dem Haut- und Haarvitamin.

Doch auch bei echter Sonneneinstrahlung ist zu beachten:

Ein zuviel und zulange der Bestrahlung, fügt der Haut und dem gesamten Organismus Schaden zu.
Ein zuviel dieser Lichtbestrahlung müssen wir unbedingt vermeiden. Hautrötungen und Verbrennungen sind nicht nur einfach Sonnenbrände, sondern Strahlenschäden!

Diese Strahlung reichert sich im Körper an, wie jede andere Strahlung auch. Sie kann weder verwertet noch regelmäßig ausgeschieden werden.
Sie führt auch dann noch zu Zellschäden, wenn längst keine Sonnenstrahlung mehr einwirkt.

Bei der Besonnung ist es wichtig zu beachten:

Halte Dir bewusst vor Augen, dass durch die Sonne rundum das ganze Körpersystem vitalisiert wird.
Die Eigenstrahlung des Körpers wird angeregt und verstärkt. Du musst Dich dazu jedoch nicht der prallen Sonne aussetzen; auch schon der Aufenthalt im Schatten wirkt belebend.

Auch der Umgang mit der Sonne will also gelernt sein. Die Nordmenschen des Planeten brauchen sich dazu nur an die Verhaltensweisen der Südmenschen halten, die bereits seit Generationen mit viel Sonne umgehen.

Luftlos - lustlos

Der Energieträger in der Luft ist der Sauerstoff; 21 Prozent der Luft besteht aus Sauerstoff. Bei der Atmung tanken wir die Luft über die Haut und über die Lungen. Saubere Atemluft am Tag und in der Nacht ist deshalb oberstes Gebot.

Wir haben es leider geschafft sowohl unsere Außenluft als auch unsere Raumluft dermaßen zu vergiften, dass eine vernünftige Atmung kaum mehr aufrecht erhalten werden kann. Es ist heutzutage kaum möglich wirklich reine Luft zu atmen.

Die Raumluft und damit die Atemluft in Fahrzeugen ist noch verschmutzter als die Luft draußen.

Dabei hört sich die lange Liste all der Schadstoffe an, die sich in der Luft der Städte befinden, wie das Rezept für eine chemisch angereicherte Giftsuppe: Kohlenmonoxid, Schwefelsäure, Chlor-Kohlenwasserstoff, Salpetersäure, Blausäure, Benzin, Blei, Methan, Ammoniak und vieles mehr.

Vergiftete Atemluft belastet das Leben. Unsere Lungen nehmen Gifte auf, wie: Tabakrauch mit Zusatzstoffen, von Chemie strotzende Parfüms, chemisch verunreinigte Luft am Arbeitsplatz und zudem in der Wohnumgebung.

Aufgrund dieser Verseuchung sind etliche Leute nicht mehr in der Lage (oder bereit) ihr Lungenvollumen vollständig auszunutzen. Zu flache Atmung ist weit verbreitet.

Wir müssen noch heute lernen, wirklich reine, saubere und energiereiche Luft zu schätzen. Wirke daher der Luftverschmutzung um Dich herum entgegen!
Bestehe auf dem Recht auf eine saubere Atemluft und ... atme dann ganz tief durch.

Darüber hinaus hat die Aufnahme von Atem in verschiedenen Kulturen auch etwas mit der Natur des Geistes zu tun.

Ob beim indischen Prana, beim chinesischen Qi beziehungsweise Chi oder beim göttlichen Odem der jüdischen Kulturkreise, überall wird der Atmung auch eine geistige Natur zugeschrieben.

Im Griechischen heißt dies Pneuma, was „Hauch", „die Luft" oder eben „der Geist" bedeutet.

Dieses antike Konzept des Pneuma (auch bei Prana, Qi / Chi und Odem) ist also weit gefasst.

Über den Wirbel im Windhauch, wie bei der Aufnahme und dem Ausstoßen von Atemluft, erfahren wir den Bezug zum Geist oder zur Atemseele.

Bei den Stoikern (philosophisches Lehrgebäude) wird Pneuma auch als eine Art „feuriger Lufthauch" gebraucht, der wirklich alles durchdringt, somit kosmische Macht hat (bei den Stoikern eine Art Schicksalsprinzip).

In der antiken Medizin des Mittelmeerraumes stellte man sich das Pneuma als Lebenskraft vor.
Bei deren Art und Weise der Betrachtung ist sie für alle Vorgänge im Körper verantwortlich. Mit dem Blut bewegt sich das Pneuma durch die Adern. Demzufolge entstehen die Krankheiten, wenn das Pneuma durch die Körpersäfte behindert wird.

Eine besonders wichtige Rolle spielte das Pneuma in der antiken Ärzteschule der Pneumatiker.
Nach Ansicht hippokratischer Ärzte hatte das Pneuma seinen Sitz im Gehirn. Sikelische Ärzte (Bewohner Siziliens) vermuteten es im Herzen.

Wasser, Tod oder Leben

Aus dem Lexikon: Das Wasser (H_2O) ist eine chemische Verbindung aus den Elementen Wasserstoff (H) und Sauerstoff (O). Das Wasser ist als Flüssigkeit durchsichtig und weitgehend farb-, geruch- und geschmacklos.
Es ist die einzige chemische Verbindung auf der Erde, die in der Natur als Flüssigkeit (Wasser), als Festkörper (Eis) und als Gas (Dampf) vorkommt.
Das Wasser hat die größte Oberflächenspannung aller Flüssigkeiten (mit Ausnahme von Quecksilber).

Wasser wurde auch zum Gegenstand der Mythologie und der Naturphilosophie.

Noch heute kommt dem Element Wasser in den meisten Religionen der Welt eine Sonderstellung zu (z.B.: Taufwasser, Weihwasser, Osterwasser).

In vielen Religionen des Altertums wurden die Gewässer, vor allem Quellen, als Heiligtum verehrt.

Das Wasser hat in den Religionen einen hohen Stellenwert als Inbegriff des Lebens.

Auch die ungeborenen Kinder glaubte man in Quellen, Brunnen, Teichen oder im Meer verborgen. Aus eben diesen vielfältigen Wassern wurden sie dann von den so genannten Kindfrauen (Hebammen) geholt.

Oft wird die reinigende Kraft des Wassers beschworen. Beispielsweise erfolgt im Islam eine rituelle Gebetswaschung, jeweils vor dem Betreten einer Moschee.

Im Glaubensritual der Hindu finden wir das heilende Bad im heiligen Ganges.

Im Judentum besitzt fast jede Gemeinde eine Mikwe, ein Ritualbad, mit reinem, fließenden Wasser aus einem Brunnen oder einer Quelle. In deren Wasser muss man beim Ritual vollständig untertauchen.

Im Christentum wird die Taufe teils durch Untertauchen oder durch Übergießen mit Wasser als Ganzkörpertaufe vollzogen.

In katholischen, orthodoxen und anglikanischen Kirchen spielt die Segnung, das Besprengen mit Weihwasser eine besondere Rolle.

Auch in vielen Sagen und Märchen spielt das Wasser eine herausragende Rolle. Kraftorte werden oft an Quellen oder Flüssen gesucht. Allgemein gilt der Begriff: Wasser des Lebens.

Aufgrund der großen Bedeutung des Wassers wurde es nicht zufällig, bei den westlichen Philosophen, der Welt der Antike, zu den vier ursächlichen Elementen gezählt.

Hier ist das Element Wasser der Urstoff allen Seins, neben Feuer, Luft und Erde. In Griechenland wurde dem hochwertigen Element Wasser das Ikosaeder zugeordnet; dies ist einer der fünf Platonischen Körper.

Auch in der taoistischen Fünf-Elemente-Lehre, bei den östlichen Weisen, ist das Wasser neben Holz, Feuer, Erde und Metall vertreten. Allerdings ist die Bezeichnung Elemente hier etwas irreführend. Denn es handelt sich lediglich um verschiedene Wandlungsphasen eines zyklischen Prozesses.

Ohne Wasser kein Leben! Der menschliche Körper besteht zu zirka 70 Prozent aus Wasser. Der Wasseranteil verändert sich mit dem Lebensalter.
Ein Mangel an Wasser führt daher bei jedem Menschen zu gravierend gesundheitlichen Problemen (Dehydratation bzw. Dehydration, Exsikkose), da all die Funktionen des Körpers, die auf das Wasser angewiesen sind, eingeschränkt werden.
Es kann dabei zu Schwindelgefühl, Durchblutungsstörungen, Erbrechen und Muskelkrämpfen kommen.
Sogar die ausreichende Versorgung der Zellen mit dem lebenswichtigen Sauerstoff und mit Nährstoffen ist in solchen Fällen tatsächlich unzureichend.

Wie hoch der tägliche Mindestbedarf an Wasser wirklich liegt ist seltsamerweise unklar. Die Empfehlungen für einen gesunden, erwachsenen Menschen von 1,5 Litern und mehr pro Tag können wissenschaftlich nicht gestützt werden.
Der Wasserbedarf kann bei höheren Temperaturen in der Umgebung oder beim Fieber sowieso größer sein.

Das Trinken exzessiver Mengen an Wasser, mit mehr als 20 Litern pro Tag kann ebenfalls zu gesundheitlichen Schäden führen. Es kann auch eine „Wasservergiftung" eintreten.
Diese Vergiftung tritt meist dann auf, wenn bei heißem Wetter, bei großen Anstrengungen mit Erbrechen oder Durchfall, die auftretenden Verluste an Salzen und Flüssigkeit ersetzt werden.
Es soll etwa mit salzarmem Wasser oder durch Infusionen von Glukoselösungen ein Wassermangel ausgeglichen werden.
Bei der Vergiftung ist also ein Mangel an Salzen gemeint, der zu einer Hyponatriämie führt. Die Symptome dieser Erkrankung sind Schwindel, Übelkeit und Erbrechen.

In Extremfällen kann eine solche Wasservergiftung, durch den Mangel an Natrium, zu Organschädigungen mit permanenten neurologischen Schäden führen oder sogar tödlich sein.

Die niedrigen Natriumwerte können zur Desorientierung und zu ernsten Hirnfunktionsstörungen (Hirnödem) führen.

Von den gesunden Menschen werden aber kurzfristig auch größere Mengen an Wasser ohne Schaden und ohne stärkere Elektrolyt-Verschiebungen vertragen.

Selbst das häufig beschuldigte, destillierte Wasser ist in normalen Mengen für den Körper unschädlich.

In der Medizin wird Wasser, als isotonische Lösungen, vor allem bei Infusionen und bei Injektionen verwendet.

Bei der Inhalation wird aerosolisiertes Wasser zur Heilung benutzt, wie etwa von chronischem Husten.

Das Wasser, äußerlich angewendet, hat auf die Hygiene und damit auch auf die Gesundheit sehr günstige Einflüsse.

Baden und Schwimmen sowie gründliches Waschen pflegten schon die Römer bei ihrer Wasserkultur in Thermalbädern.

Trinkwasser ist alles Süßwasser, mit einem so hohen Reinheitsgrad, dass es für den menschlichen Gebrauch geeignet ist.

Als Trinkwasser ist jede Art Wasser definiert, das zum Trinken, zum Kochen, zur Zubereitung von Speisen und Getränken oder auch zur gründlichen Pflege und Reinigung bestimmt ist.

Für jegliche Art von Trinkwasser bestehen im deutschsprachigen Raum höhere Qualitätsanforderungen als für das industriell abgepackte Mineralwasser und Tafelwasser. Es gilt überhaupt als das am besten untersuchte Lebensmittel.

Trinkwasser darf keinerlei krankheitserregende Mikroorganismen enthalten.

Eine Mindestkonzentration an Mineralstoffen ist vorgeschrieben. Die Summe der enthaltenen Konzentrationen von Calcium und Magnesium wird als Wasserhärte bezeichnet.

Im Gegensatz zu vielen anderen natürlichen Ressourcen wird Wasser effektiv nicht verbraucht.

Es wird nur gebraucht und kann dabei außerordentlich stark verunreinigt werden.

Nach diesem Gebrauch ist es meistens mit Schadstoffen belastet und muss erneut aufbereitet und gereinigt werden.

Nicht außer Acht lassen dürfen wir die außergewöhnliche Speicherfähigkeit des Wassers. Es nimmt Informationen und Emotionen auf und stellt diese so dar, dass jeder der die Sprache versteht, diese auch wieder ablesen kann.

Dr. Masaru Emoto hat mit seinen Forschungen bewirkt, dass viele Menschen das Wasser mit anderen Augen sehen. Durch ihn wurde die Macht der Gedanken auf das Wasser bestätigt.

Von ihm untersuchte Schneekristalle können Musik sowie Gefühle und Wortinhalte widerspiegeln.

Wenig Schlaf, wenig Energie

Wenn jemand nie genügend schläft, kann er sich selbst und anderen zur Last werden. Mürrisch und nervös geht er anderen Leuten auf den Geist.

Müde Menschen sind nicht wachsam. Sie machen Fehler und haben Unfälle. Mit zu wenig und schlechtem Schlaf sabotieren viele Menschen ihre Gesundheit.

Im täglichen Leben sind wir wahre Spezialisten geworden, wenn es darum geht, die Nacht zum Tage zu machen.

Die Schichtarbeit, nächtliches Fernsehen oder Internet bis zum Abnicken, außerdem ausschweifende Diskothekenbesuche bis in die späte Nacht oder den frühen Morgen, also vielerlei Aktivitäten und Pseudoaktivitäten rauben uns den Schlaf.

Unser natürlicher Bio-Rhythmus kommt dabei total durcheinander. Dazu trägt mittlerweile auch noch die hirnrissige Zeitumstellung von Sommerzeit zu Winterzeit und wieder zurück bei.

Die Folge davon sind, über Schlafstörungen hinaus, Störungen im Essverhalten und Anfälligkeiten für verschiedenste körperliche sowie geistige Anomalien und Krankheitsbilder.

Tiefe Depressionen sowie schizoide Persönlichkeitsstörungen und Ängste aller Arten, Schmerzerscheinungen, unkontrollierte Wut- und Hassausbrüche, auch Konzentrations- und Lernschwächen und vieles mehr könnten recht einfach behoben werden, wenn ein gesundes Schlafverhalten wiedergewonnen würde.

Übermäßiger "Stress" beansprucht den Körper über seine Kräfte hinaus. Dies fordert auch den Verstand enorm.
Der Verstand und der Körper werden an den Rand eines Zusammenbruches gebracht, zum so genannten „burnout".
Die biologischen Bedürfnisse von Menschen werden viel zu oft der technisch motivierten Produktivität geopfert.

Das natürlichste Aufbaumittel könnte ausreichender, gesunder Schlaf sein. Aber bereits eine schwere Mahlzeit vor dem Zubettgehen kann den Schlaf empfindlich stören.
Ebenso behindern zuviel Kaffee mit seinem Koffein oder viel Tee mit Teein sowie Cola-Getränke den natürlichen Schlaf.

Auch Alkohol, der so genannte „Schlummertrunk", raubt die Erholung durch den Schlaf.
In einer niedrigen Konzentration wirkt der Alkohol nämlich anregend, er beschwingt. An Schlaf ist in dieser Phase nicht zu denken.
Bei höherer Dosierung setzt dann erst einmal die Müdigkeit ein. Dies ermöglicht anfangs die nötige Bettschwere.
Doch in der Nacht wird Alkohol abgebaut. Gegen drei Uhr gelangt der Zecher dann wieder in die Bereiche des anregenden Alkoholspiegels. Diese beschwingte Phase muss erst zu Ende gehen, damit der Mensch in den segensreichen Schlaf zurückfindet.
Zudem treten in dieser Zeit auch Symptome des Alkoholentzuges auf. Während der abendliche Trunk die Träume am Anfang unterdrückt, melden sich diese in der zweiten Nachthälfte umso lebhafter und unangenehmer zurück.

Schließlich hindert noch eine Mundtrockenheit, der „Nachtdurst", das ruhige Durchschlafen. Alkohol ist so gesehen ein ganz miserables Schlafmittel.

(Quelle: Dr. Thomas Weiss, http://www.weiss.de/krankheiten/schlafstoerungen/)

Übrigens schlafen die Fleischfresser durchschnittlich länger als Pflanzenfresser, die menschlichen und auch die in der Tierwelt.

Löwen haben eine Schlafperiode von bis zu 20 Stunden täglich, wohingegen die Gorillas lediglich zirka 6 Stunden schlafen.

Dies solltest Du zur Kenntnis nehmen, wenn Du das eigene Essverhalten sowie das von anderen beobachtest. Es macht Sinn, die Essgewohnheiten umzustellen. Mit der vorwiegenden Nahrungszusammenstellung aus Gemüse, Obst und Salat verringert sich automatisch auch das Schlafbedürfnis.

Im unmittelbaren Zusammenhang mit der Thematik des Schlafes steht auch das Erfordernis von erquickender Entspannung nach hoher Anspannung.

Es ist nötig und erscheint geradezu lebenswichtig, dass nach jeder Anspannung geradezu zwangsläufig eine Phase der Entspannung, der Ruhe, folgen muss.

Die Gesundheit, das Wohlbefinden, die Harmonie des Menschen können erhalten bleiben, wenn ein natürliches Gleichgewicht zwischen aktiver Anstrengung und gelöster Beruhigung gefunden wird.

Denn ein wahres Wort besagt:

„In der Ruhe liegt die Kraft."

Wer ständig nur auf Hochtouren arbeitet, stellt bald fest, dass er seinen Körper und im Nachzug seinen Verstand energetisch auslaugt und hoffnungslos überfordert.

Dies bedeutet selbstverständlich nicht, dass nur die Faulheit das Maß aller Dinge sein soll, wie uns manchmal „Vertriebsexperten" weiszumachen versuchen.

Ganz im Gegenteil: Ein planvolles, zielbewusstes und zielorientiertes Verhalten und Arbeiten lässt Stresserscheinungen und „Tretmühlen-Empfinden" gar nicht erst aufkommen.

Dies ist allerdings heutzutage, im wenig einsichtigen, beruflichen Umfeld nicht immer zu verwirklichen.
Mehr als nur manchmal, werden Menschen von schlecht organisierter Arbeit regelrecht aufgerieben.
Daraus erwächst dann der deutliche Drang nach Entspannung, der schließlich in einem „Urlaubsreife-Gefühl" gipfelt.

Oftmals kommt es sogar vor, dass Krankheitserscheinungen jemanden einfach ausbremsen. Plötzlich müssen er oder sie viel Zeit haben. Sie werden regelrecht durch einen heftigen Zusammenbruch zur Ruhe gezwungen.
Der übliche Spruch in einer solchen Situation lautet: „Jetzt hat der Körper sein Recht gefordert."

Eine Lösungsmöglichkeit für diese Problemstellungen und eine Vorbeugung vor dem Absturz der Systeme heißt:

Bewusstes Ruhen

Bewusstes Ruhen ist fast überall anwendbar und es bedarf keiner besonderen Übung oder Vorkenntnissen.
Das bewusste Ruhen erfrischt Körper und Verstand und es bringt die verbrauchte Energie innerhalb kurzer Zeit zurück.

Bewusstes Ruhen sollte nicht mit Meditation verwechselt werden, denn es strebt nicht das Erreichen eines anderen oder höheren Bewusstseinszustandes an.

Jemand der bewusst ruht, bleibt ein vollwertiger Bestandteil seiner Umgebung. In diesem Ruhezustand nimmt ein Mensch seine jeweilige Umgebung immer vollständig bewusst wahr.
Er schweift in seinen Gedanken nicht allzu weit ab und kehrt immer wieder zum Umfeld zurück.

Sowohl Bewertungen als auch Abwertungen sind unbedingt zu unterlassen. Die ruhende Person widmet sich stattdessen ganz einfach nur ihrer unmittelbaren Umgebung.

Ganz von selbst wird, aller Wahrscheinlichkeit nach, dabei festgestellt, wie sich Problemlösungen einstellen, wie die Kreativität im Denken wieder freier wird und wie Spannung sich löst. Bewusstes Ruhen erhält Menschen produktiv.

Beim bewussten Ruhen können die Augen entweder offen bleiben oder in Ruhe, nicht etwa gezwungen, geschlossen werden, ganz so, wie es gerade angenehm erscheint. Das bewusste Wahrnehmen des Umfeldes schärft dabei alle Sinne.

Als Helfer oder Betreuer achte ich auch genau auf die Begleitumstände, bei meinen rat- und hilfesuchenden Freunden.

Darüber hinaus solltest auch Du selbst auf Deinen Energiehaushalt achten. Denn nicht selten holt sich jemand, beispielsweise in seiner Funktion als ein Heiler (als den ich uns hier nicht sehe), die unliebsamen Erscheinungen seiner Klienten ins eigene Boot.
Ich habe ausgezeichnete Heiler kennengelernt, die sich leider selbst weder schützen noch heilen konnten.

Indem Du das hier vordem aufgeführte Wissen beachtest und auf Dich selbst überträgst, kannst Du Dich bereits schützen.
An anderer Stelle erhältst Du weitere Hinweise zum Schutz vor energetisch geführten Attacken, sowohl bewusster als auch nicht bewusster Arten.
Zum besseren Verstehen von spiritueller Arbeitsweise, müssen nun noch ein paar Begriffe geklärt sein:

Die **Meditation**:

Meditative Bewusstseinszustände werden je nach Tradition mit „Eins-Sein", „im Hier und Jetzt sein" oder „Stille", „Leere" sowie das „frei von Gedanken sein" beschrieben.

Vom Lateinischen: Transcendentia „das Übersteigen", bezeichnet vor allem eine Überschreitung der endlichen Erfahrungswelt, zum Göttlichen Urgrund hin.

Meditation ist hierbei eine geübte spirituelle Praxis zur Transzendenz, wie sie in vielen Religionen und Kulturen angewandt wird.

Durch die aufmerksame Achtsamkeit und durch Konzentrationsübungen beruhigen sich Körper und Geist (hier der Verstand); Vitalität erwacht und das Leben sammelt neue Kräfte.

In den fernöstlichen Kulturen gilt die Meditation als eine grundlegende, zentrale, das Bewusstsein erweiternde Übung.

Das Meditieren bedeutet im Buddhismus: „Müheloses Verweilen in dem, was ist".

Das **Bewusstsein**:

Bewusstes Sein mit allen Sinnen, den körperlichen sowie den geistigen und den seelischen; inklusive all den jeweils verschiedenen Betrachtungen dazu.

Bewusst zu sein definiert sich sowohl über den eigenen, materiellen Besitz als auch über die Empfindungen körperlicher sowie mentaler Arten, wie die Wahrnehmungen, die Erinnerungen und anderen Vorstellungen.

Zum Bewusstsein gehören die Gedanken aller Arten und Formen, wie Überlegungen, Beurteilungen, Einschätzungen, Berechnungen und Bewertungen, Planungen oder der Bildung von Konzepten einschließlich der dazu nötigen Achtsamkeit und der energetisch definierten Aufmerksamkeit.

Das bewusste von TAO, der Seele, ist letztlich entscheidend für das BewusstSein im Hier und Jetzt. Zusammen mit dem Körperlichen und dem Geistigen (dem Verstand) bildet das Seelische (TAO) die ursächlich bewusste Einheit im Universum.

Das **Selbst**:

Körper, Verstand und Seele! Die Wahrnehmung zum Körper, mit allen Teilen, dem Zellstaat und dem Energiefeld, ist ebenso entscheidend wie die zur Art und Wirkungsweise des Verstandes.

Das Selbst des Verstandes beruht auf dem, auf relativer Logik basierenden Konstrukt zur Durchführung von analytisch berechenbaren, wertenden Zuordnungen und den zur Verfügung stehenden Vergleichen.

Das übergeordnete Selbst der Seele ist TAO, das „Geistige Wesen" oder „die Person selbst", die jemand ist - nicht hat.

Das **Hier**:

Unmittelbarer Ort! Bei vollständiger, stabiler Bewusstheit, zum jeweiligen, auch beständig wechselndem, örtlichen Umfeld, zu all den Personen, Gegenständen, Einflüssen und „Störfaktoren". Die jeweilige Umgebung wird immer aufmerksam wahrgenommen.

Das **Jetzt**:

Absolute Gegenwart! Jeglicher Bezug zur Vergangenheit ist bewusst, sowohl zur eigenen als auch zu einer fremden Vergangenheit, der unmittelbar zuordenbaren sowie der geschichtlichen.

Die sich ständig ändernde Gegenwart ist auf diese Art und Weise, in ihrem Fluss und Wandel, absolut stabil gehalten und wird der Vergangenheit zugeordnet. Die Gegenwart gilt zudem, als die Ausgangsbasis für Zukünftiges.

Die Zukunft ist jegliche Möglichkeit. Sie wird verantwortungsbewusst gestaltet und in Übereinstimmung mit anderen erschaffen.

**„Erst als man den Zustand ihrer Seele erkannte
und da Ordnung hineinbrachte,
ging es mit dem körperlichen Leiden auch besser."**

Sebastian Kneipp

**„Der Satz vom Bestehen der Energie
fordert die ewige Wiederkehr."**

Friedrich Wilhelm Nietzsche

Der Verstand
Und er funktioniert doch!

Unser Verstand funktioniert
wie ein verstopftes Leitungssystem.

Die Annahme von Albert Einstein, wir würden nur zirka zehn Prozent unseres wahren geistigen Potenzials nutzen, stimmt offenbar tatsächlich.

Wir brauchen nur uns selbst und unsere Mitmenschen gut beobachten.

Ich fragte mich jetzt nur: "Wie erreiche ich denn mehr als diese 10 Prozent?", „Sind 20 oder 50 Prozent oder gar 100 Prozent überhaupt erreichbar?", „Ist eine solche Leistungsfähigkeit eigentlich erstrebenswert?", "Wie sieht dieser Zustand dann aus?"

Bevor wir uns in Spekulationen verstricken und uns gerade mal in die lediglich 10-prozentigen philosophischen Höhen aufschwingen, sollten wir uns zuerst einmal die Frage stellen: "Was ist eigentlich dieser Verstand, in dem sich das Potenzial anscheinend so unvollkommen aufbaut?"

"Ist doch ganz klar. Das ist das Ding mit dem wir denken." Gute Antwort, nicht wahr? Nur leider, jemand versucht uns seit erst ungefähr 140 Jahren vehement weiß zu machen, wir würden speziell mit unserem Gehirn denken.

Damals hat man nämlich damit angefangen herauszufinden was wohl geschieht, wenn ganz bestimmte Gehirnregionen elektrisch gereizt werden.

Richard Caton gilt als Entdecker der Elektroenzephalografie (später EEG). Caton zeigte 1875 in Liverpool, dass die Gehirne von Affen und Kaninchen in der Hirnrinde schwache, elektrische Ströme erzeugen, die sich durch Sinnesreize beeinflussen lassen.

Der Neurologe Hans Berger prägte dazu den Begriff Elektroenze-phalografie. Im Jahr 1924 führte er an der Universität Jena Messungen an Menschen durch, die 1929 publiziert wurden.

Welche entsprechenden Reaktionen zeigen sich demgemäß im Körperbereich? Der Reiz und die Reaktion darauf werden seit dieser Zeit adäquat als Denkvorgang definiert.

Philosophen sowie Religionswissenschaftler, tiefgründige Denker und gefühlvolle Dichter versuchten den Verstand auch in verschiedenen anderen Regionen des Körpers anzusiedeln.

Lange Zeit war beispielsweise das Herz der vorstellbare Sitz des Verstandes. "Lass doch Dein Herz sprechen!"

Mit solchermaßen geflügelten Worten versuchen die Menschen noch heute an das tiefe Mitgefühl eines Mitmenschen zu appellieren.

Ebenso mit der Fragestellung: "Was sagt denn Dein Herz dazu?"

Die gefühlvolle Sprache des Herzens mit seinem angeblichen Denkvermögen scheint besonders verbindend zwischen den Menschen zu wirken.

Im frühen Ägypten, zu Zeiten der ersten Pharaonen, hat man dem Herzen sogar eine so hohe Bedeutung beigemessen, dass es nach der Mumifizierung, wieder in den Körper eingesetzt wurde.

Denn im Jenseits sollte es gegen eine Feder der Göttin Maat gewogen werden.

Die Mächte im Totenreich, speziell das Götter-Tribunal Anubis, Thot und Horus, wollten auf diese Art und Weise für Gott Osiris herausfinden, ob dieser Mensch fähig sei, sich von seinen bösen Taten rituell reinigen zu lassen, um dann ewiges Leben im Jenseits zu erlangen.

Als Sitz des Geistes (Verstand oder Seele oder beides?) sollte das gute Herz der Person auch in einer anderen Welt erhalten bleiben.

Die Hirnmasse hingegen wurde völlig zerstört. Mit einer Art Quirl hat man das Gehirn während der Zeremonie der Einbalsamierung durch die Nase hindurch zerkleinert, dann konnte es, ebenfalls durch die Nase, als graue und dickflüssige Masse ablaufen.

Daraus ergibt sich ein wenig angenehmes Gefühl, wenn man dieses Verfahren in einer Spirituellen Rückführung bereinigen muss.

Diese Erfahrung machte ein Freund mit chronischen Beschwerden im Bereich der Nasenhöhlen und im Stirnbereich, der zu mir kam, um Hilfe zu erhalten.
Im Verlaufe von nur zwei Sitzungen konnte er sein Krankheitsbild energetisch entladen.

Solche Praktiken der Mumifizierung habe ich recht oft entdecken können, wenn Leute Beschwerden mit Kopfschmerzen oder Ähnlichem bekamen.

Auch die Magen-/Darm-Gegend scheint sich gerne in die Arbeit des Verstandes einmischen zu wollen. Besonders dem Bauch wird zugestanden dies zu tun.
Deshalb meinen manche Leute: "Du musst aus dem Bauch heraus entscheiden." oder "Mein Bauch sagt mir ... ." oder „Mein Bauchgefühl irrt sich selten.“

Das Herz sowie der Magen/Darm fechten im Körpergefüge tatsächlich gerne mit dem ach so klugen Gehirn einen beobachtbaren Kampf aus, um die Vorherrschaft über den Zellstaat.

Schauen wir doch einmal auf die Entwicklung des Lebens: Zuerst hatten in den Urmeeren, nicht nur auf dem Planeten Erde, schleimig, wässrige Quallenartige die absolute Vorrangstellung.
Deren Denkfähigkeit sowie ihre besonderen Überlebensqualitäten waren über lange, sehr lange Zeiträume bestimmend für die Lebenseinheiten.

Der weiche Bauchbereich ist ein Überbleibsel dieses ersten Lebens. Deshalb ist seine Einbeziehung, beim Lösen von gewissen Problemen, gar nicht so verkehrt.

Mit kräftigen Herzen überlebten, ebenfalls lange Jahrtausende, die riesengroßen Echsen- und Saurierartigen.

Offenbar spielten diese Lebensformen hervorragend aufeinander abgestimmte Positionen, im Team der Urzeitwesen.

Das könnte erklären warum diese übereinstimmenden Gefühle, die dem Herzen zugemessen werden, intensiv einem Miteinander zugeordnet werden.

Vielleicht war tatsächlich das Herz damals ein steuerndes Denkzentrum.

So verwundert es mich heute nicht mehr, wenn behauptet wird Bauch und Herz wären möglicherweise Gegenspieler, bei der Kontrolle über die Nervenbahnen, des neuartig gestalteten Gehirns der Säugetiere.

Die neurologischen Untersuchungen in neuerer Zeit haben tatsächlich ergeben, dass das Nervensystem, zumindest von dem Bauchraum aus, direkt beeinflusst wird.

Im indischen Kulturraum nimmt man seit jeher die so genannten Chakren als energetische Kraft- und Denk-Zentren an.

Um den Verstand beziehungsweise das Verstehen zu steigern meditieren die Menschen dort von unten nach oben aufsteigend:

Die spirituelle Maßnahme beginnt beim Wurzelchakra, mit den Geschlechtsteilen. In diesem Bereich schläft die zusammengerollte Kundalini-Schlange.

Wird sie erweckt so windet sie sich nach oben, über den Unterbauch zum Sonnengeflecht, weiter zum Herzen, zum Hals und zur Stirn, um schließlich über den Scheitel hinaus mit all den kosmischen Intelligenzen in Verbindung zu kommen.

Dies ist eine wirklich sehr schöne und auch angenehme Übung.

Doch, wen wundert es, sind Leute während der Übungen ziemlich weit unten stecken geblieben. Manche kamen bereits über den Bereich ihrer Geschlechtsteile nicht hinaus.

Daraus hat sich dann ein "Tantra der Liebe" entwickelt, vorrangig der körperlichen Liebe. Im eigentlich für die Fortpflanzung sinnvollen und im lustvoll angenehmen Geschlechtsakt wurde die totale Erfüllung gesucht. Wurde sie je gefunden?

Diese Praktiken sollen eigentlich zur geistig hohen Transzendenz hinführen.

Das frühe Tantra startete in einer Form des Yoga, das die Kundalini-Schlange tatsächlich zu kosmischen Höhenflügen brachte.

Leider gingen diese magisch spirituell wirkenden Anwendungen mit der Zeit verloren oder sie werden heute nur noch im Geheimen angeboten.

Heutzutage ist Tantra in Verruf geraten, weil wir es im Westen Tantra fast nur noch mit dem Maithuna verbinden, dem ritualisierten Geschlechtsakt. Der wird in Indien allerdings nur von einigen wenigen Sekten praktiziert.

Immerhin wirkt Sex mit Orgasmus, nach meiner Erkenntnis, wie ein elektrisch energetisches Fanal.

Er verkündet ins Geistige hinein, nach „dort": „Ein neues Leben ist in Vorbereitung. Eine Beseelung ist angesagt!"

Bei uns im Okzident gibt es die Entsprechung zu solch einer andersartigen, „tiefer liegenden" Denkweise, die Worte: "Dieser Kerl trägt seinen Verstand in seiner Hose." oder "Er/sie denkt allzu oft nur mit seinem/ihrem ... (Geschlechtsteil)."

So gesehen war es schon ein deutlicher Fortschritt als das Gehirn zum Verstand erklärt wurde. Nur leider trifft auch dies immer noch nicht den Kern der Sache.

Das Gehirn ist seit Beginn der irdischen Menschheitsgeschichte anscheinend all den anderen Zellstrukturen im Körpersystem übergeordnet. Es hat sich, über das Rückenmark und über die Nervenbahnen, Zugang zu den Organen sowie zu den Drüsen und zur Muskulatur verschafft.

Mit elektrischen Impulsen bewegt das Hirn seinen jeweiligen Bio-Körper durch den Raum. Es vollbringt wahre Wunder in der Handhabung dieses Werkzeugs.

Doch wir alle kennen einen Zustand in dem auch diese genialen Verbindungen dem Gehirn nichts mehr nutzen und es trotz der fortgesetzt funktionierenden Zellstrukturen völlig die Kontrolle verliert - den körperlichen Tod.

Übrigens sollten wir besser von den Gehirnen sprechen. Denn wir haben es mit der Großhirnrinde und der rechten sowie der linken Gehirnhälfte zu tun, wobei eine Hälfte immer mehr als die andere das Sagen hat.

Das Kleinhirn und speziell die Zirbeldrüse hat außerdem ziemlich geheimnisvolle Funktionen. Es verfügt über lauter kleine Ableger in den Gelenken des Körpers.

Dieses ausgeklügelte Hirnsystem arbeitet auf der Basis von Elektrizität, mit sehr feinen Strömen, die ständig, wie zur Kommunikation durch den Körper fließen.

Bisher hat jedoch noch niemand den Generator, den Stromerzeuger, im Gefüge des Körpersystems gefunden. Allerdings speichert ein Mensch durchschnittlicher Größe tatsächlich in seinem Körperfett so viel Energie wie eine tausend Kilogramm schwere Batterie.

Einige Wissenschaftler behaupten: Bestimmte biochemische Reaktionen führen dazu, dass die Energie überall im Körper entsteht.

Doch auch die Bioenergetik kann nicht erklären, warum ein Körper ständig altert und andauernd stirbt, um schließlich vollständig zu Tode zu kommen.

Dies obwohl die Ernährung und seine Beweglichkeit wirklich völlig ausreichend sein sollten, um das System auch weiterhin weitgehend störungsfrei am Laufen halten zu können.

Im Zustand des körperlichen Todes ist dann dennoch das Gehirnsystem absolut machtlos, mitsamt dem restlichen Zellstaat, genannt Körper. Gibt es vielleicht Etwas, außerhalb des körperlichen Systems, das für Leben, Sterben und Tod verantwortlich ist?

Die Chinesen sprechen von Chi, die Japaner von Ki, die Inder prägten den Begriff Prana und im westlichen Kulturraum gibt es den Odem. All dies ist eine Lebensenergie die den Kosmos durchzieht und hier und da und dort Leben hervorbringt.

In einem ständigen Fluss, in einer Strömung, besser in einem Kreislauf, wird Leben wieder zerstört, um es kurz darauf wieder neu zu erschaffen.

Es ist jedoch nicht die Energie des Lebens selbst, die den Kreislauf des Lebens in Szene setzt. Sie wirkt nur als Mittel zum Zweck.

Der Verursacher ist das bewusste Sein von TAO, dem Geistigen Wesen, mit unterstützender Hilfe des speziell zu diesem Zweck geschaffenen Verstandes.

Im Unterschied zu unserer weit verbreiteten, materiellen Betrachtungsweise, bei der ein Verstand mit dem Gehirn gleichgesetzt wird, handelt es sich bei diesem Verstand, nach meiner Erkenntnis, um ein energetisches Gebilde.
Er ist weitgehend individuell, jedem höher entwickelten Lebewesen zugeordnet.
Niedere Lebensgemeinschaften wie speziell bei Termitenbauten, Ameisenhaufen oder auch Bienenvölker verfügen über eine gemeinsame Seele und über einen gemeinsamen Verstand.

Vergleichbar mit einer „Blase aus Energie" befindet sich der Verstand meistens in der unmittelbaren Nähe eines oder mehrerer Körper und unterstützt TAO, die Seele, bei der sinnvollen Steuerung von Körpereinheiten in dem physikalischen Universum.
Der Verstand kann den Körper mehr oder weniger weit umschließen. Auch kann er in einzelne Teile des Körpersystems hineingerückt sein.
So finden wir ihn, bei entsprechend häufiger Bestätigung darauf, doch tatsächlich wieder im Herzraum oder im Bauchbereich aber auch in anderen Körperteilen.
Das so genannte Dritte Auge, das oftmals in direkter Verbindung zur Zirbeldrüse betrachtet wird, wird ebenfalls als Sitz der TAO-Seele respektive des Verstandes gesehen.

In Unterscheidung zur Person selbst, dem Geistigen Wesen oder der TAO-Seele, spreche ich im Zusammenhang mit dem Verstand lediglich von einem nützlichen Konstrukt, einem Denkapparat.
Verschiedene Definitionen auf diesem Planeten, bringen einiges an Sprachverwirrung zustande, sobald wir im Bereich von „Geist" oder auch des „Geistigen" forschend tätig werden.

Deshalb nochmals zur Verdeutlichung:

**Die Bestandteile des Körpers sind
nicht der Verstand und all diese sind
nicht TAO, die Seele oder die Person selbst.**

TAO bedient sich des Instrumentes, der „Maschinerie" des Verstandes, um den entsprechenden Körper im physikalischen Universum relativ unkompliziert zu bewegen und für bestimmte Handlungen zu nutzen.

Den Gehirnen können wir eher automatisierte, gewohnheitsmäßig ausführbare Handlungsweisen zuordnen. Deren Funktionen dienen dabei überwiegend der Erhaltung von Lebenseinheiten.

Physisches Material von Körpern jeglicher Arten unterliegt einem andauernden, allgemeinen, irgendwie seit langem in die so genannte Akasha-Chronik einprogrammierten Verfall. Das gilt für Sonnen und Planeten ebenso wie für Moleküle und Atome.
Der Verfall des Materials der Lebewesen kann durch vergiftende oder krank machende Einflüsse aus der Umgebung noch beschleunigt werden.

Das energetische Konstrukt: Verstand, ist zwar mit einem individuell unterschiedlich starken Energiepotenzial ausgestattet, er ist aber im Gegensatz zum Material nur bedingt störbar und als solches nicht völlig zerstörbar.

TAO, das geistige Ordnungsprinzip, allem übergeordnet und bestimmend, unterliegt sowieso nicht notwendigerweise dem Regelwerk dieses Universum.
TAO ist vom Ursprung her, kein Bestandteil dieses Universum, außer es geht irrigerweise oder sogar absichtlich in Übereinstimmung mit seinen "Naturgesetzen".
Selbstverständlich ist auch TAO durch absolut nichts zu vernichten oder krank zu machen, kann sich aber selbst durch selbstbestimmte Postulate gewaltig ausbremsen.

Die Betrachtung der Einheit von Körper, Verstand und Seele ist zwar mittlerweile weit verbreitet, sie ist aber dennoch ein Trugbild.

Durch menschlich herbeiführbare, vermeintlich unabdingbar notwendige Wechselwirkungen erscheint dieses Zusammenspiel dennoch real. Immerhin können tatsächlich sinnvolle Auswirkungen dadurch herbeigeführt werden.

Deshalb stimme auch ich weiterhin mit dieser vermeintlichen Realität überein.

Die offensichtlichen und wirkungsvollen Wechselwirkungen beruhen häufig auf Reiz-Reflex-Reaktions-Zusammenhängen aus den Anfängen der Entwicklung von Körpern.

Reiz-Reflex-Reaktions-Mechanismen wirken aus einem urtümlichen, stark herab gesenkten Bewusstseinszustand auf den Körper ein. Sie haben zu Beginn der Evolution von Leben, den damals noch etwas unzureichend entwickelten Verstand entlastet.

Eben solchen Reiz-Reflex-Reaktions-Mechanismen verdanken es die körperlichen Lebenseinheiten, dass sie nicht verhungert oder verdurstet sind, ausreichend Schlaf erhielten und sich zudem hinreichend fortpflanzten.

Sie mussten all den noch weniger bekannten Gefahren schnell erfolgreich standhalten oder ihnen ausweichen können.

Sogar TAO geht zumeist fälschlich davon aus, dass der analytische Verstand ein perfekt organisiertes, hundertprozentig funktionierendes Instrument ist.

TAO, sowie der Verstand selbst, bedenken anscheinend im allgemeinen nicht die nichtbewussten, geradezu eigenmächtig erscheinenden Aktivitäten eines eingeschränkten Denkvermögens. Es wird durch die außerordentlich schnellen, unkontrollierbaren Reflexe aus der Urzeit beeinträchtigten.

Das kann in heutiger Zeit tatsächlich auch zu Krankheitserscheinungen und Unfällen führen. Die Körperzellen reagieren so manches Mal durch ein Totstellen, also durch Abschaltungen wie bei Schocks.

Logisches Denken ist bezeichnend für den Verstand. Aber: "Wo ist denn da die Logik?", fragen sich manche Menschen oftmals, wenn sie die Handlungen oder Meinungen anderer Leute beobachten oder davon hören.

Auch haben Frauen eine ganz eigene Logik - wird zumindest von vielen Männern behauptet.

Die Logik (griechisch „logos": Wort, Rede, Vernunft) ist, laut der Angaben im Bedeutungswörterbuch, die Lehre von den Formen und Gesetzen des richtigen Denkens oder ganz einfach: Folgerichtigkeit.

Aufgrund des mehr oder weniger zur Verfügung stehenden Materials an Daten wird ein folgerichtiger, möglichst vernünftiger Schluss gezogen.

Ändern oder erweitern sich jedoch gewisse Daten, so sollten sich zwangsläufig auch die logischen Schlüsse dem anpassen.

Manchmal vollziehen Leute diesen Sprung nicht mit. Sie erheben das einmal Ge- oder Beschlossene zum Dogma.

So konnte über Jahrhunderte hinweg die Erde nicht als frei bewegliche Kugel im Weltall anerkannt werden. Sie blieb in den Denkvorgängen von Vielen der Mittelpunkt des angeblich bereits bekannten, erdnahen Kosmos.

Ist verrücktes Denken noch dem Verstand angemessen: "Ich kann einfach nicht verstehen warum, weshalb ... ?" Vielleicht gibt es dabei gar nichts zu verstehen, weil in dem Ereignis pure Verrücktheit abläuft. Verrückt sein heißt allerdings nichts anderes als "zur Seite gerückt", also abseits der Norm.

Nur wer sagt mir denn ob die Norm, das Normierte, das was als die so genannte Ordnung betrachtet wird, ob diese Normalität nicht das wirklich Verrückte ist?

Nicht immer ist das, was die meisten Menschen als Menschheit tun oder denken, wirklich das Vernünftige.

Ich gehe sogar noch weiter und behaupte:

Die Masse trägt zu allen Zeiten, so auch heutzutage, den Keim der Unvernunft in sich.

Aus Beobachtungen im Alltagsleben können wir immer wieder feststellen: Die Verrücktheiten (welcher Art und Weise auch immer) werden schneller und sehr viel intensiver zu einer Massenbewegung mit Eigendynamik, als wahrhaft vernunftbegabte Gründe.

Propaganda, Marketing und Werbung machten sich schon immer und machen sich immer öfter, diese Erkenntnis begierig zu nutzen.

Anscheinend ist der Verstand bei sehr vielen Menschen unklar. Er hat Schwachpunkte und ist offenbar wohl doch nicht diese phantastisch funktionierende Maschinerie, als die wir sie eigentlich annehmen wollen. Mit diesem Dunkelfeld beim Denken stimmen andere auch noch überein.

Deshalb faszinieren uns menschliche Wesenheiten offenbar Technik und in der Neuzeit die Computersysteme so sehr. Diese Geräte sind uns anscheinend auf etlichen Gebieten überlegen.

Ein Computer ist einfach ein Rechenwerk ohne einen größeren Makel. Denn ist er einmal programmiert, so läuft er jahrelang bis jahrzehntelang ohne Murren und liefert immer, immer wieder korrekte Daten. Wichtigste Voraussetzung ist: Die Programmierung durch den Menschen weist keine Fehler auf.

Worin mag für diese offenbare oder nur anscheinende Makellosigkeit wohl die Ursache zu finden sein?

Meine Antwort: Der Software eines Computers fehlt die Perspektive in der Zeit.

Der Computer verfügt über keine Vergangenheit und hat praktisch keine Zukunft. Jeder seiner Vorgänge geschieht für ihn ausschließlich in der totalen Gegenwart, dem absoluten Jetzt.

Allerdings auch, ohne dieses Jetzt tatsächlich wahrnehmen zu können.

Es gibt für einen Computer keinerlei Möglichkeiten zum Vergleich mit ähnlichen Situationen in seiner eigenen, irgendwie gearteten Vergangenheit. Er hat praktisch keine Erfahrungen, die ihn in Bezug auf sein Dasein lehren könnten. Ebenso existiert keine Planung für ein zukünftiges Geschehen.

Der Computer ist immer konzentriert im zeitlosen Jetzt, ohne eigenen Raum, ohne ein Hier und ohne vergleichbare Ähnlichkeiten.

Daraus ergibt sich natürlich auch die Starrheit der derzeit überwiegend vorhandenen Systeme.

Zumal Computer keinerlei Verantwortung für ihren Einsatz und den Ablauf ihrer Programme tragen. Die Computer sind sowohl für soziale Projekte als auch für kriegerische Einsätze verwendbar.

Ein eigenständiges Denken ist in einer solchen Enge der Ohnmacht völlig ausgeschlossen.

Genau darin finden wir aber auch deren derzeit feststellbare Unfähigkeit für eine Fort- oder Weiterentwicklung.

Neuere technische Systeme sollen allerdings lernen und die zukünftigen Roboter sollen sogar kommunikativ verstehen können.

Was wird dann wohl aus der bislang relativen Überlegenheit? Ich kann mir vorstellen, sobald sich für die Robos erste, für sie selbst wahrnehmbare Verluste einschleichen, wird es vorbei sein mit der totalen „Unfehlbarkeit" von Computern.

In einigen der Science-Fiction-Romane und -Filmen finden wir bereits heute entsprechende Vorstellungen von Robotern mit menschenähnlichen Emotionen und den damit verbundenen fehlerhaften Reaktionen.

Auch ich war vor langer, langer Zeit einmal ein Robo, ein Maschinenwesen. Ich steuerte mein eigenes kleines Raumschiff. Wir hatten ziemlich gut funktionierende und aufeinander abgestimmte Systeme. Nur durch den Laserschuss eines feindlichen Schiffes kamen wir ins Trudeln.

Zum Glück wurden wir, mein Gefährt und ich, rechtzeitig gefunden, bevor wir antriebslos in die nächste Sonne gestürzt wären.

Nach der Errettung fand ich mich, ohne Schiff, auf einem Fließband wieder. Dort wurde mein Körper, die Robotereinheit, wieder in Ordnung gebracht. Soweit ich noch weiß, bekam ich einen neuen Arm und auch mein Denkzentrum wurde neu gestartet.

„Antriebslosigkeit" war übrigens der Grund, weswegen ich damals eine Spirituelle Rückführung bekam.

Aus den Anschauungen zum computerisierten Denken und der etwas anderen Betrachtungsweise, ist das Wort Konzentration für mich schon immer ein Greuel gewesen. Konzentrische Denkweisen entsprachen meiner Vorstellung vom Engmachen im Dasein.

So sollte menschliches Denken niemals zu stark auf gewisse Denkvorgänge konzentriert beziehungsweise fixiert werden.

Manchmal bedarf es zwar einer gewissen Konzentration, um sich zielgerichtet mit Wissensinhalten beschäftigen zu können.

Aber die befohlene Aufforderung: "Konzentriere Dich!", lässt den Denkraum für unseren Verstand plötzlich schrumpfen. So empfand ich es jedenfalls immer.

Diese Anweisung erzeugt mit der Zeit Zwanghaftigkeit. Erst stellen sich geistige und dann körperliche Blockaden und Verspannungen ein, bis hin zu Kopf- und Gliederschmerzen.

Je intensiver jemand auf Dauer versucht sich zu konzentrieren, desto ähnlicher wird er nach meiner Beobachtung dem oben genannten Computer, er wird zu einem menschlichen Roboter.

Als Krankheitserscheinung könnte man so ein Verhalten möglicherweise als „Robotismus" bezeichnet.

Es ist die Überbetonung des „zeitlosen" Jetzt ohne ein bewusstes Hier, das, nach meinen Erfahrungen, „seelenlose" Maschinenwesen mit robotischem Verhalten schafft.

Im Gegensatz zum Humanismus lässt der Robotismus nur noch gelten, was die Kollegen Computer für richtig halten.

Etliche der Trance- sowie Meditationsformen, mit den Übungen zur überwiegend introvertierenden (nach innen gerichteten) Konzentration, vernachlässigen viel zu häufig die gleichzeitige Öffnung in den mehrdimensionalen Raum hinaus.

Erst, wenn das vollständige HIER und JETZT bewusst als stabile Basis erkannt und wahrgenommen wird, auf der man sich derzeit befindet, ist es möglich die Zukunft sinnvoll zu gestalten. Erst in diesem Falle ist das HIER und JETZT eine geeignete Operationsbasis. Dadurch widersteht jemand der nichtbewussten Vergangenheit.

Bis hierher habe ich versucht, die Funktionsweisen des menschlichen Verstandes zu überfliegen.

Weil mir dies alles, für die Arbeit eines Spirituellen Helfers, so wichtig erscheint, stelle ich nun nochmals dar:

Der Verstand zeichnet alle Ereignisse minuziös und detailgenau auf und hält sie für Abrufe bereit.

Energetisch wird alles abgelegt, zeitlich und räumlich, sogar weit über die fünf begrenzten Sinneswahrnehmungen hinaus, die einem Menschen begrenzt zur Verfügung stehen.

Durch die energetische Speicherung ist es möglich, auch weit über jedwede Tode hinaus, per Spiritueller Rückführungen Wissensbestandteile abzurufen, die frühere Leben betreffen.

Je mehr halbwegs korrekte Daten der Verstand zur Verfügung hat, desto mehr Möglichkeiten kann er aufzeigen. Umso mehr Vergleiche mit Ähnlichkeiten kann er anstellen, wenn er in seinen Zugriffen beweglich bleibt und nicht dogmatisch eingeengt wird.

Der Mensch kann leichter Neues erfassen und seinem bereits gespeicherten Material hinzufügen. Das Datenmaterial wird besonders intensiv in Bildern und in Emotionen festgehalten.

Auftretende Problemstellungen, bewusst oder/und nichtbewusst selbst gemachte oder von außen herangetragene, werden mit relativer Leichtigkeit gelöst.

Die Voraussetzung hierfür ist: Das Datenmaterial ist vollständig und der Zugriff ist ohne Schwierigkeiten möglich.

Kommen die zur Anwendung gebrachten Informationen aus dem Nichtbewussten, so können Schwierigkeiten auftreten, die erst mit Spirituellen Rückführungen beseitigt werden.

Was wir noch wissen müssen: Das Denkvermögen des Verstandes braucht seine Zeit (zirka drei Tage), um mehrdimensionale Vorstellungen in räumlicher Offenheit und in fließender Bewegung entfalten zu können.

Der Verstand bildet den linearen Lauf der Zeit, von der Vergangenheit bis zur Gegenwart, und gestaltet Visionen zur Zukunft hin.

Diese lineare Betrachtungsweise des Verstandes hat nichts mit dem tatsächlichen Zeitbegriff zu tun, der einer TAO-Seele real ist.

Für TAO gelten die linearen Abläufe nämlich nicht. Aber die Zeitlosigkeit des Geistigen lässt sich nicht darstellen, wenn frühere Leben, von Körper zu Körper, aneinandergereiht sein sollen.

Ein TAO im Mittelpunkt einer Art Kugel, mit der Steuerung aller Körper gleichzeitig, überfordert so manche Vorstellungskraft. Dafür liefert der Verstand die lineare Zeitschiene.

Über Stand-, Bezugs- und Betrachtungspunkte in der Zeit und im Raum gestaltet der Verstand eigenmächtige Bilder und so auch neue, phantastische Welten.

Im jedem Verstand von individuellen Wesenheiten, ist ein ganzer geistiger Kosmos aufgezeichnet. Er bringt diesen mit all den Kosmen anderer Wesen in Übereinstimmung.

So konstruieren sie gemeinsam vielerlei Weltbilder, weltoffen aus verschiedenartigen Betrachtungswinkeln heraus.

Zu enge Denkschematas, festgefahrene Vorstellungen und Glaubenssätze sind deutliche Zeichen dafür, dass der Verstand eine oder mehrere der oben genannten Kriterien verloren hat.

Da gibt es beispielsweise bedauernswerte Menschwesen die hängen so sehr in ihrer eigenen Vergangenheit fest, dass sie weder die objektive Gegenwart gut zu erkennen vermögen noch können sie brauchbare Zukunftsperspektiven für sich oder andere entwickeln.

Bei älteren Menschen ist dieses Phänomen oftmals sehr gut beobachtbar. Auch Leute mit Demenz und Alzheimer verlieren ihren Zeitsinn nach und nach immer mehr.

Dafür sind deren, angeblich irreparabel geschädigten Gehirnareale vorrangig verantwortlich.

Tatsächlich hat der Verstand, als übergeordnetes Konstrukt, in diesen Fällen, auf das Gehirn keinen korrekten Zugriff mehr.

Im Lichte der Wiedergeburt betrachtet, kämpfen tatsächlich die meisten Menschen mit der weit verbreiteten Problematik, nicht ganz in der Gegenwart zu sein.

Obwohl oder gerade weil sie keinerlei Ahnung mehr von ihren früheren Leben haben, binden sie ungeheuer viel Energie in ihrer eigenen, nebelverhangenen Vergangenheit, und zwar in der Art und Weise von nichtbewussten Aufmerksamkeitsanteilen.

Mit Spirituellen Rückführungen löst Du die energetischen Blockaden auf. Die bis dahin verloren geglaubte Lebensenergie wird unmittelbar in der Gegenwart nutzbar. Die Person ist dann im Hier und Jetzt der Gegenwart sehr viel aufmerksamer.

Der Effekt wirkt so, als würden sich starke, nach hinten ziehende Gummibänder, ganz plötzlich in Nichts auflösen.

Somit verschwinden im Laufe mehrerer Spiritueller Rückführungen die Belastungen, die bis dahin das Vorwärtskommen Deiner rat- und hilfesuchenden Freunde behindert haben.

Wenn Du Dir jetzt auch noch vor Augen hältst, über welch gewaltige Zeiträume hinweg, jemand seinen Verstand bereits nutzt, dann wundert es Dich sicher kaum, dass unkontrolliertes, wenig bewusstes Verhalten an der Tagesordnung ist.

In den modernen Computerbegriffen würden manche bemerken: „Der Speicher scheint ziemlich voll zu sein."

Das ist natürlich für den supergigantisch aufnahmefähigen Verstand absolut unwahrscheinlich.

Speziell die Spirituellen Rückführungen eröffnen Dir Einblicke in Jahrmillionen, seitdem dieser Verstand individualisiert existiert und trotz allem immer noch verhältnismäßig gute Dienste leistet.

"Aha!", werden jetzt andere bemerken: "Jetzt verstehe ich die Verstopfung. Im Verstand haben sich über die lange Zeitspanne Ablagerungen angesammelt. Er wird langsam immer unbrauchbarer."

Unsinn! Der energetische Verstand eines jeden von uns, wäre wach und aufmerksam wie eh und je. Er würde auch heute noch so gut funktionieren wie am ersten Tag seiner „Programmierung" durch TAO, durch uns persönlich.

Doch wir haben damals, zum Beginn seiner Arbeit, nicht damit gerechnet, dass sich unterschwellig „Viren" einschleichen. Sie können zumindest Teile des Verstandes beeinträchtigen. Sie bringen den Verstand aus dem Takt, werfen ihn aus dem erwünschten Zustand des bewussten Seins.

Bei herabgesetztem Bewusstsein sammelten sich solche „Viren" in unserem Verstand an.

Dieser Mangel an Bewusstsein, der uns, als TAO, sehr, sehr unähnlich ist, entsprang den Beeinflussungen durch Drogen, schwere Krankheiten, Unfälle, Narkosen, gewaltsame Tode sowie durch absichtliche Fremdeinwirkungen mittels Hypnose und suggestive Manipulationen.

Besonders Suggestionen, unterschwellige Beeinflussungen, haben den Verstand in seinem Denkvermögen mehr oder wenig irre gemacht. Er ist dadurch individuell unterschiedlich schnell, weil ihm gelieferte Daten nicht logisch erscheinen, er also nochmals darüber nachdenken muss.

Deshalb denken heute die meisten von uns menschlichen Individuen, bildhaft gesprochen, wie durch ein engmaschiges Sieb oder durch ein verstopftes Rohr hindurch.

Etliches, was wir Menschen als normal ansehen, ist so verrückt, dass wir damit sogar unseren derzeitigen Lebensraum systematisch zerstören.

Der wunderschöne Planet, genannt „Erde", leidet unter dem leider chronisch gewordenen Befall durch uns Menschen.

Sowohl Spirituelle Rückführungen als auch Meditationen sind Lösungsmöglichkeiten, auch für dieses Problem.

Mit Hilfe der Spirituellen Rückführungen gehen die Rat- und Hilfesuchenden bei vollem oder erhöhten Bewusstsein in die Vergangenheit hinein und knacken einen „Virus" nach dem anderen, und zwar an seinem Ursachepunkt.

Gemeinsam verfolgt ihr die virtuelle Spur der Zeit, zurück in die weite Vergangenheit. Ihr findet die Zustände herabgesenkten Bewusstseins. Ihr erkennt dabei ein ureigenes Selbst.

Der Spirituelle Rückführer und der Rat- und Hilfesuchende arbeiten gemeinsam, aber vorrangig macht sich der Freund selbst bewusst, was er bisher verschüttet mit sich herumgeschleppt hat und jedes damit verbundene Problem löst sich auf - wie von selbst.

Jede Problematik, von der jemand bewusst weißt, dass sie eine solche ist, kann ein Verstand leicht lösen.

Nur die Problemstellungen die ein Verstand nicht korrekt erkennt und zu denen er keine ausreichenden Daten hat, beeinträchtigen das Leben erheblich.

Der Verstand arbeitet mit genau den Daten, die der rat- und hilfesuchende Freund ihm gibst oder die er über die Sinne sowie über die geistige Wahrnehmung aufnimmt.

Schaue nur Triviales (wie zum Beispiel in Fernsehen und Filmen), so wird sein gesamtes Denkschema trivial werden oder bereits sein.

Der Freund kann sogar damit beginnen, in Zeichentrickdarstellungen zu denken, wenn er immer nur Trickfilme anschaut.

Bei einem jugendlichen Hilfesuchenden bewegten sich, in dem Zeit-Rahmen von Spirituellen Rückführungen, anfangs vor seinem geistigen Auge Trickfilm-Menschen und Trickfilm-Monster und es ereigneten sich Trickfilm-Aktionen.

Dieses irreale Geschehen versuchte er, am Anfang der Sitzungen, vergeblich mit realen Gegebenheiten in Einklang zu bringen. Erst mit der Zeit, nach etwa drei Sitzungen, gelang ihm der Umschwung zur Realwelt.

Von da an hatte er tatsächlich weniger Probleme in der Schule und nicht mehr das intensive Gefühl, verfolgt und bedroht zu werden. Denn in seiner extremen, realitätsfernen Phantasiewelt spielte er immer den Verfolgten und zählte zu den Verlierern.

Richtige und falsche Daten sind manchmal sehr schwer auseinander zu halten. Der menschliche Verstand ist nämlich in der glücklichen oder unglücklichen Lage zu rationalisieren.

Durch das Rationalisieren überträgt er seine geistige Vorstellung auf die Umgebung.

Durch Rationalisieren flüchtet er aber auch und entschuldigt sein Verhalten vor anderen.

Beispielsweise rationalisiert ein Drogenabhängiger den Gebrauch der Droge mit den unterschiedlichsten Argumenten.
Er versucht auf diese Art und Weise eine gesellschaftliche Akzeptanz für sein Verhalten herbeizuführen. Er will möglichst Mitleid dafür erhalten.

Rationalisieren heißt: Der Verstand legt ein halbwegs logisches Grundmuster an den Tag und versucht dies als normal darzustellen. Durch den kommunikativen Austausch mit anderen Menschen oder durch geschickte Propaganda unternimmt er die Anstrengung dieses Muster im realen Universum zu manifestieren.
Er sucht sich zu diesem Zweck zusätzlich noch möglichst viele andere Gleichgesinnte, um gemeinsame Stärke zu entwickeln.

In dieser Art und Weise der gemeinsamen Betrachtungen ist die Rationalisierung nur eine Vorspiegelung halb wahrer oder gar falscher Tatsachen.
Auf einer niederen Ebene soll diese vorgebliche Realität, in weitgehender Übereinstimmung mit anderen, zur akzeptierten Realität erklärt werden, als eine akzeptable Lüge.

Auf diese Art und Weise haben sich zum Beispiel auch Wirtschaftssysteme, die vorgeblich der Gesundheit oder der Allgemeinheit dienen sollen, im Denken der Masse Mensch breit gemacht.
Hierzu zählen einige Sparten der Pharmazie, total unnötige Versicherungen oder ähnlich Destruktives.

Deshalb sind die richtigen und wahren Daten, sobald sie durch den Filter des menschlichen Verstandes gerieselt sind, zumeist angepasste Daten.
Sie tragen den Charakter von zweckmäßig oder brauchbar gemachter Meinung einiger Weniger oder von die Meinung verstärkenden Gruppen. Hier greift wieder die Massenverdummung, wie bereits angedeutet.

Eben aus diesem dogmatisch geprägten Kompromissdenken heraus, resultieren die vielen Fehlgriffe im Denken und im Handeln, denen sich die menschliche Rasse schuldig macht.

Über Jahrhunderte hinweg konnte tatsächlich behauptet werden: „Die Erde ist eine Scheibe.". Nur, weil der, zu seiner Zeit allgemein als Kapazität anerkannte, Philosoph Aristoteles eine besonders interessante Idee dazu hatte.

Viele große und kleine Geister haben den Ausfluss, seines ansonsten sicherlich brillanten Verstandes, für bare Münze genommen und sind mit seinem Weltbild, einer Scheibe mit darüber gedeckter Himmelskuppel, total in Übereinstimmung gegangen.

Ein schönes, ästhetisches Bild, doch leider, sowohl in der Wirklichkeit des Geistes als auch in der Realität des physikalischen Universum, völlig falsch und nicht im geringsten haltbar, wie sich herausstellen musste.

Auch heute verfallen wir noch solchen Kapazitäten, den überzeugend wirkenden Vordenkern. Dies einfach deshalb, weil wir selbst anscheinend oder angeblich über kein ausreichendes Wissen und keine Datenvielfalt verfügen.

Oder dieses wichtige Datenmaterial bekommen wir sogar bewusst vorenthalten, um den vorgegaukelten Gedankenbildern kein paroli bieten zu können.

Zu viele gelehrte Häupter halten daran fest, dass der Einzelne sich zum Beispiel gegen den vorgeblichen Darwinismus nicht erfolgreich auflehnen könne.

Der kluge Kopf, Charles Darwin, mag mit seiner Lehre der Entwicklung der Arten vielleicht im Pflanzen- und Tierreich recht gehabt haben (vielleicht), jedoch in Bezug auf die Menschheit liegt er nach meinen Erkenntnissen, reichlich weit daneben.

Aus sehr vielen Spirituellen Rückführungen haben ich und meine Freunde andere Informationen gewonnenen.

Der Mensch ist dem Tierischen zumindest weitgehend entwachsen, er ist ein ziemlich selbstbestimmtes Wesen geworden. Wenngleich er sich noch längst nicht selbst bewusst ist.

Aus der von Darwin propagierten, so genannten natürlichen Auslese kreierten menschliche Bestien das „Recht des Stärkeren".

Diese extrem unmenschliche Rechts-Auffassung findet in Gesellschaften speziell dann Anwendung, wenn sich politisch unsoziale oder sogar antisoziale Gruppierungen, wieder sehr weit dem Tierischen annähern.

So manches der diktatorisch unterdrückerischen Systeme, in Politik, Religion, Kunst, Wissenschaft und Wirtschaft, mit archaischen Machtstrukturen, kann hierfür als dunkles Beispiel dienen.

Wie wir schon erfahren haben, ist der Verstand nicht gleichbedeutend mit dem Gehirn, einem wichtigen Teil der Hardware beim körperlichen System. Doch welche Rolle spielt das Gehirn dennoch?

Ganz einfach: Der Verstand hat, als energetische „Denkblase", wie man ihn sich bildhaft vorstellen kann, keinerlei Einflussmöglichkeiten auf das physikalische Universum. Ohne seinen Partner, den physischen Körper, hat er so gut wie kein Zugriffsvermögen darauf.

Dafür, also speziell zur Steuerung des Biokörpers, braucht der Verstand eine Schalttafel oder eine Tastatur oder besser noch einen Empfänger mit höchst empfindlichen „Knöpfchen" die sich leichtgängig bedienen lassen. Genau hier finden wir die entscheidende Funktion des Gehirns.

Übrigens waren die TAO-Wesenheiten ursprünglich an den Biokörpern nicht unbedingt sehr interessiert. Als einfaches Mittel zum Zweck waren diese Körpereinheiten auch ziemlich leicht austauschbar. Es gab schließlich genug davon. Sie vermehrten sich selbstständig und standen zum Ge- und Verbrauch jederzeit zur Verfügung. Deshalb war der Tod für TAO noch nie das große Problem.

In früheren Zeiten sind Krieger und Soldaten mit sehr viel Enthusiasmus in die Schlacht gezogen. In der nordischen Mythologie war daher Walhall („die Wohnung der gefallenen Krieger") der Ort an dem Kriegshelden auch weiterhin heftig kämpfen und anschließend die ewigen Freuden ausgelassen feiern und genießen konnten.

Als ähnlich paradiesisch wurden die „ewigen, heiligen Jagdgründe" von den meisten Indianern Nordamerikas angesehen.

Bedeutsam wurde der Tod von Körpern erst, als durch Krankheit oder durch Gewalt eine einmal begonnene Aufgabe nicht zu Ende geführt werden konnte.

Dann machten sich Trauer und Gram über den Verlust des doch so brauchbaren Körpers breit, was wieder und wieder dramatisiert wurde und zu einem herabgesenkten Bewusstsein führte.

So blieben auch nach dem Tod Aufmerksamkeitsanteile bei dem verlorenen Körper. Vor allem, wenn er noch halbwegs gut erhalten aussah, wie beispielsweise nach einer Mumifizierung oder im Falle von Einfrieren.

In dieses, besonders im Tode herab gesenkte Bewusstsein konnten sich Suggestionen sehr tief einschleifen, beispielsweise als Worte oder in der Art und Weise von dramatischen Aktionen.

Das lebenslange Sterben und der Abschluss Tod werden in der Tat nur dann bedeutsam, wenn eine intensive Körperbindung auftritt und Aufmerksamkeit fordert.

Unser, insbesondere westlich geprägter, kultureller Standard orientiert sich zur Zeit besonders stark an Körpern. Deshalb werden die Verluste von Körpern, in den Nachrichten und dergleichen, auch so furchtbar schlimm dargestellt.

Über dem Bemühen, biochemisch strukturierte Körper zu retten, werden die geistigen Belange und die echten seelischen Gewichtungen ziemlich oft außer Acht gelassen.

Reichlich niederschmetternde Sterbe- und Bestattungspraktiken haben sich breit gemacht. Zumal durch die Apparatemedizin Sterben und Tod zur Qual für den Körper verkommen.

Sein Verstand nimmt dieses qualvolle Sterben selbstverständlich in seinen Speicher auf und trägt es in die Folgeleben.

Hier ein Beispiel aus einer Spirituellen Rückführung: Ein Mann war im früheren Leben längst bereit seinen Körper zu verlassen, doch die Geräte, angeschlossen an seinen alten Körper, banden seinen Verstand und TAO regelrecht fest.

Emotional hin- und hergerissen, zwischen Hoffnung und Verzweiflung, konnte sich das Wesen einfach nicht lösen.

Als schließlich und endlich alle maschinellen Bemühungen aufgrund des desolaten körperlichen Zustands versagten, war das Denkschema des Verstandes bereits so sehr in Mitleidenschaft gezogen und davon beeinträchtigt, dass der Mensch das Erlebnis als Gefühl auch im neuen Leben nicht loswerden konnte.

Hoffnung und Verzweiflung, als ständige emotionale Schaukelbewegungen im Laufe seines Lebensweges, verfolgten den arg geplagten Hilfesuchenden.

Nur noch bis zum Datum seiner entscheidenden Spirituellen Rückführung musste er leiden. Danach war er im wahrsten Sinne des Wortes erleichtert.

Die energetische Wahrnehmung zieht sich wirklich sehr lange hin. Dies hat überhaupt nichts damit zu tun, ob ein Körper noch in irgendeiner Weise belebt ist. Auch in Gruften und Gräbern, bei völlig verwesten Körpereinheiten hängen TAO-Seelen über Jahrhunderte hinweg fest.

Mir hat eine Frau einmal beschrieben, wie sie den Verfall ihres Körpers beobachten konnte, bis nur noch Knochen in ihrem gut verschlossenen Sarg lagen.

Um sich bei all den Menschen zu rächen, die ihr ein liebloses Leben bereitet hatten, an dessen Folgeerscheinungen sie letztlich zugrunde ging, spukte sie als Gespenst in der Burganlage herum und erschreckte die Besucher.

Ihr Verstand hat dieses Geschehen bis zur Gegenwart mitgeführt, bis zu den Spirituellen Rückführungen.

Die Problematik, mit der die Freundin zu mir kam, war eine Erscheinung die von Ärzten mit „Magersucht" bezeichnet wurde.

Sie war wirklich nur noch Haut und Knochen. Sie wirkte wie ein lebendes Gerippe.

Nach den Erkenntnissen, die sie während der Spirituellen Rückführungen gewonnen hat, begann sie wieder vorsichtig mehr zu essen, gewann zusätzlich an Energie und ist heute ein fröhlicher, weitgehend normaler Mensch.

Die Person Selbst

Ich bin TAO,
ich bin die Person Selbst.

Über den energetischen Verstand und das biochemische Körpersystem sowie über den gesamten Aufbau des Menschen hinaus gibt es noch ein Weiteres.

Es nutzt die physikalischen Komponenten, um im Universum tätig zu werden. Ein „Bestandteil" der allerdings keiner ist, weil er vom Ursprung her nicht einmal zum universalen Aufbau zählt: TAO, die Seele, die Person selbst.

Zuerst einmal versuche ich Euch, liebe Freunde der Spirituellen Rückführungen, einige Betrachtungsweisen näher zu bringen, mit denen Ihr hoffentlich so mancher Begriffsverwirrung geschickt aus dem Wege gehen könnt.

Mir haben diese Darstellungen und Unterscheidungen jedenfalls geholfen, als es darum ging, den eigenen Gedankengängen mehr Klarheit zu verschaffen.

Im Unterschied zu TAO geht der Verstand in seiner Rolle als berechnender Stratege voll auf. Die Ziele werden von ihm ausschließlich mit der Hilfe planvoll strukturierter Strategien verwirklicht.

Vom analytischen Verstand werden Ziele lediglich mit planvollen Strategien verwirklicht. Bei diesen kann er seine Rolle, als berechnender Stratege voll ausspielen.

Der Verstand stellt seine eigene Meinung sogar öfter als uns lieb ist, als alleinseligmachende Logik dar, rechtfertigt diese, beschuldigt andere, die nicht seiner besonderen Meinung sind, verkauft so anderen seine vorgeblich logischsten aller Schlüsse.

Leider verstrickt er sich auf diese Art und Weise gerne in individualistisch geprägte, pseudologische, für andere nicht nachvollziehbare Denkvorgänge und in allzu vorschnelle Re-Aktionen.

So prägt der Verstand das Ego. Andere würden die Vorgehens- und Arbeitsweise des Verstandes als Charakter bezeichnen.

Während der Verstand versucht alles in einen von Logik bestimmten Rahmen zu setzen, notfalls zu pressen, gelingt es TAO, „dem Selbst", immer, wirklich immer folgerichtig vorzugehen.

TAO, als das Geistige Wesen, arbeitet und gestaltet das Leben ausschließlich mit Postulaten.

Postulate sind dem Selbst der Person zugemessen und gehen oft gründlich „in die Hose", wenn Menschen versuchen per Verstand solche aufzustellen.

Postulat (lateinisch postulatum = "Forderung") ist per Definition: Eine Schlussfolgerung, eine Entscheidung oder ein Entschluss.

Dieser wird von einer Person aufgrund der eigenen, als freiheitlich angenommene Selbstbestimmung einmal gefasst und noch immer aufrecht erhalten.

Postulate können sowohl auf bewussten Daten der Gegenwart als auch auf nicht bewussten Daten aus der Vergangenheit beruhen. Diese einmal in der Vergangenheit gestellten Postulate wirken bis in die Gegenwart herein und bringen oftmals Verwirrung ins Leben, weil sie dem Menschen gegenwärtig nicht mehr bewusst sind.

Beim Erstellen von Postulaten musst Du wissen: Ein wirkungsvolles Postulat ist immer unmittelbar in der Gegenwart bekannt. Es wirkt auch nur dann, wenn es Gegenwartsbezug hat.

Wir ein Postulat mit „vielleicht" oder „hoffentlich" belegt oder enthält es „mögliche" Zukunftspläne, so gelangt der Entschluss garantiert nicht zur Realisation.

Das eindeutige „so ist es" im Postulat löst Problemstellungen der Vergangenheit auf, entscheidet über Probleme oder Beobachtungen der Gegenwart und stellt zudem ein Konzept für die Zukunft auf.

Erst in dem Zustand zunehmender Bewusstheit funktionieren solche Entschlüsse vollkommen und ohne jede zeitliche Verzögerung, weil sie immer zur Gegenwart her imaginiert sind.

TAO, die Person selbst, die wir Selbst als Geistiges Wesen sind, beherrscht den Umgang mit Postulaten vollkommen.

Als das unverfälschte TAO des Ursprungs wären wir tatsächlich noch immer in der Lage, unsere Umgebung einfach per Gedankenkraft zu regeln.

Leider fehlt uns Menschen dazu derzeit die vollständige Bewusstheit, der Bezugspunkt zu unserem eigentlichen Sein.

Im nunmehr Folgenden kläre ich, sowohl für mich als auch für Euch, die Begriffsverwirrungen zwischen Geist oder Psyche oder gar Seele, eben TAO:

Geist:

In der Beschreibung des Selbst oder der „Person selbst" vermeide ich mit Bedacht die Bezeichnung „Geist".

Denn, wenn man in einem ausführlichen Bedeutungswörterbuch nachschaut, wird man ganz schnell feststellen: Der Begriff „Geist" wird für viele, viel zu unterschiedliche Bedeutungen herangezogen.

So wird er beispielsweise als der „Träger des Lebens" bezeichnet oder als das denkende, erkennende Bewusstsein.

In dem schwammigen Unterschied zu einer angeblich empfindenden, ach so empfindsamen Seele, wird er hierbei zum stabilisierenden Faktor im Leben hochstilisiert.

Der nächste Definitionsversuch bezeichnet diesen „Geist" als: Liebenswürdige, feinsinnige, kluge Witzigkeit.

Dann auch noch als: Die Gesamtheit aller nichtmateriellen Eigenschaften, zum Beispiel eines Volkes, einer Epoche oder einer verbindenden Dichtung.

Auch von Menschen im Hinblick auf ihre überragenden, geistigen Fähigkeiten, ihr so genanntes inneres Wesen, ihren Genius, spricht man von Geist.

„Geist" bezeichnet zudem: Wiederkehrende Verstorbene, abgeschiedene Seelen, Gespenster, Dämonen, Teufel, Naturwesen und, nicht zu vergessen, das Göttliche als Heiliger Geist.

Somit lasse ich diesen allumfassend widersprüchlichen, in so gut wie alle Himmelsrichtungen dehnbaren Begriff „Geist" einfach geistreich außen vor.

Ich benutze deshalb bestenfalls die Begriffe „Geistige Wesen" und „Welt des Geistigen". Ansonsten gebrauche ich vorsichtshalber eindeutigere Bezeichnungen, die den Unterschied zum Körperlichen klarer aufzeigen.

Psyche:

Absichtlich vermeide ich auch den Begriff „Psyche". Genau wie dem „Geist", werden diesem Wort zu viele unterschiedliche Bedeutungen beigeordnet.

Damit wird wieder einmal, nur noch mehr irrsinnige Verwirrung geschaffen (womöglich mit Absicht).

Aus dem griechischen Sprachgebrauch kommend, besagt der Begriff „Psyche" speziell den Lebensodem sowie die Atemkunde mit dem Atemhauch und dem Atemfluss (er wird übersetzt mit: ich atme, hauche, blase, lebe). So schließen sich hier die Lebenslehre und die Lebenskraft an.

Auch das Bewusstsein sowie das Gemüt finden wir im Gefolge der Definitionen, dann den Trieb und diesmal sogar die Seele.

Was denn nun? Die Lebensenergie, eine Körperkunde oder die irgendwie geartete Seele?

Um das Kraut auch hier fett zu manchen ist „Psyche", aufgrund mythologischer Vorstellungen, auch noch ein „Schmetterling", nämlich jener „Seelenvogel mit den Flügeln eines Schmetterlings", der sich zu den Unsterblichen aufschwingt.

In der griechischen Mythologie hatte nämlich eine sterbliche Königstochter, mit dem Namen Psyche, eine Liebesbeziehung mit dem Gott Amor, auch Eros oder Cupido. Schließlich wurde sie nach etlichen Seelen-Prüfungen durch Aphrodite, ihrer Schwiegermutter, von Zeus unter die Unsterblichen aufgenommen, indem er ihr einen Schluck Ambrosia zu trinken gab.

Aus dem Hintergrund wurde sie immer von der Liebe, ihrem Eros, unterstützt, der ihr hilfreiche Energien zur Verfügung stellte.

In Österreich versteht man übrigens unter dem Begriff „Psyche" eine Art Frisiertoilette, also etwas an dem den Menschen der Kopf gewaschen und ein Haarschnitt verpasst wird, um Leute wieder gesellschaftsfähig zu machen.

Was mir irgendwie viel ehrlicher zu sein scheint, als alles andere, was das Wort „Psyche" noch begleitet.

Die moderne Psychologie meint jedenfalls selbst von sich, keine „Wissenschaft vom Seelenleben" zu sein, sich nicht mit der Seelenkunde zu beschäftigen.

Mindestens seit dem 19ten Jahrhundert arbeitet die Psychologie empirisch, das heißt: Aus den Erfahrungen gewinnend, darauf beruhend, vergleichend mit dem Verhalten von Mensch und Tier.

Die Psychologen sind demgemäß, empirisch forschende Wissenschaftler, die sich mit der Erforschung des Lebewesens Mensch befassen, in seinem allgemeinen Verhalten, mit seinen Fähigkeiten und mit dem nervlichen Zusammenspiel.

Daher kennen wir die bekannt gewordenen, vergleichenden Experimente mit Ratten, Mäusen, Hunden und Schimpansen.

Im Jahrhundert davor mischte sich die Psychologie noch mit der Philosophie, der Theologie und der Metaphysik.

Die weniger empirischen, die metaphysischen Zusammenhänge, hat die neue „Wissenschaft vom Menschen" mittlerweile weit von sich gewiesen.

Sie versucht weder Geist noch Seele sowie den Sinn des Lebens philosophisch zu erklären.

Für solche Metaphänomene, mehr spekulativen Ideen und Vorstellungen wurde extra die Parapsychologie geschaffen.

Bei dieser geht es dann tatsächlich mehr um etwaige Seelenaspekte, wie Geister und Geistererscheinungen sowie um verschiedene, außer- oder übersinnliche Wahrnehmungen, also irgendwelche „Fähigkeiten der Seele".

Die Parapsychologie wird, wie es das Wort schon sagt, aus der Psychologie ausgegrenzt („para" ist griechisch und heißt: Neben..., gegen... oder wider...).

Die Parapsychologie nimmt, als eine Art ausgelagerter „Müllcontainer", all die unheimlichen, außergewöhnlichen Phänomene auf, die der „normalen" Psychologie nicht ins Programm passen.

Mir stellen sich in diesem weiter hinausreichenden Zusammenhang folgende grundlegenden Fragen:

> Wo bleiben die Religionsgemeinschaften und Kirchen sowie deren Vertreter, speziell der westlichen, noch immer römisch geprägten Welt, bei diesem Spiel mit der Psyche, wenn diese sich, als Seele definiert und trotz allem nicht als solche offenbart?

> Haben jene Religionsformen etwa in den letzten hundert Jahren versagt, als es um die Seelenforschung ging?

> Wollen die Vertreter der offiziellen sowie der inoffiziellen Kirchen es auf Dauer zulassen, dass die Psycho-Seele noch intensiver in die Materie eingebunden, geradezu hereingezogen wird?

> Sollen sich die Gläubigen etwa im Sumpf von niederen Emotionen und körperlichen Abhängigkeiten selbst aufgeben, schließlich ganz verlieren?

> Wessen Absicht ist das?

Nach meinem Verständnis darf es einfach nicht darum gehen, die Geistigkeit der Wesen ausschließlich auf den körperlichen Menschen und seine offensichtlichen Unzulänglichkeiten zu reduzieren.
Auch kann und darf der Einsatz medizinischer Drogen keine dauerhafte Lösung für geistige Problemstellungen sein.

Ebenso entspricht der wertende Vergleich mit Tieren, Ratten, Schweinen oder Affen, die angeblich dem Menschen ähnlich sein sollen, nicht meiner Vorstellung von geistiger Freiheit.

Wo bleibt denn hier der Bezug zu dem, was ich als TAO bezeichne, das „Ich bin" oder die „Person selbst"?

Die Seele ist mehr!

Seele:

Selbst der Begriff „Seele" wurde von unterschiedlichen Interessengruppen so durcheinander gewirbelt, dass dessen Ursprünglichkeit aufgeweicht wurde und fast verloren ging.

Eine seltsam anmutende Wörterbuch-Definition besagt: Die Seele ist das Innenleben eines Lebewesens, das sich im Denken, im Fühlen, im Handeln oder im Bewegen äußert.
Damit sind doch hoffentlich nicht unsere Innereien gemeint!?

Seile werden um die innere Faser oder Litze herum angefertigt, die man ebenso Seele nennt. Dieser innerste Teil macht ihre Stabilität und Zugfestigkeit aus.

Auch bei der menschlichen Seele spricht man von dessen Gemütskräften, ebenso wie vom unsterblichen Anteil des Menschen.
Außerdem erkennt man in der Seele die dynamischen Triebkräfte und einen Mittelpunkt, der dem Leben gegeben ist.

Im Urgermanischen heißt sie „saiwalo", beschreibt die „vom See stammende" oder „von der See stammende" oder die „zum See gehörige". Wir finden auch eine Ableitung von dem oder der See, als dem Aufenthaltsort sowohl der Ungeborenen als auch der Toten.
Dabei ist die See ist hier wohl auch gleichbedeutend mit dem Begriff: Meer.

Trotz aller Wirrnis, ist mir der Begriff „Seele" noch am sympathischsten, denn er hat etwas Ursprüngliches. Deshalb ist der Seelenbegriff, den ich anwende, all dem Wirrwarr übergeordnet.

Als „Seele" gelangen wir hierbei zu vereinfachten Verhältnissen, ohne die herkömmlichen Begriffsverwirrungen.
Mit dem Seelenbegriff, den ich meine, können wir auch wieder an die „Person selbst" anknüpfen.

Die Seele ist hier TAO, der „göttliche Funke", der nicht dem physikalischen Universum zuzuordnen ist, der wahrhaft ein Abbild des Göttlichen TAO ist.

TAO ist demzufolge vollständig bewusstes, Göttliches Sein des „Ich bin", eines Geistigen Wesens, einer wahrhaften Seele.

Unser Alltagsbewusstsein ist lediglich ein schwacher Abklatsch dieses bewussten Seins.

So wie wir mit unseren Sinnen nur einen Bruchteil all der Frequenzen von Licht, Schall und sonstiger Wellen wahrnehmen können, ebenso unvollständig ist unser menschliches Bewusstsein.

Erst nach dem körperlichen Tod erhalten wir (hoffentlich – wahrscheinlich aber doch nicht oder nicht immer) die Erkenntnis für unser wirkliches Sein zurück.

Bei Eintritt des körperlichen Todes verlässt die TAO-Seele ihre menschliche, körperlich-energetische Kohlenstoff-Einheit und nimmt dabei den Verstand mit, plus der Speicherinhalte aus der Materie des Körpers sowie der Energie, der Aura.

Genau deshalb funktionieren die Spirituellen Rückführungen, mit der Möglichkeit des Einblicks von TAO in den Verstand, dem Zugriff auf alle gespeicherten Daten aus früheren Leben, bis in sehr weit entfernte, frühere Leben hinein.

Mit dem möglichen Zugriff der TAO-Seele auf alle gespeicherten Daten aus dem Verstand, lassen sich Ereignisse wieder hervorholen.

In anderen Ausführungen versuche ich verschiedenen Religionsformen auf den Zahn zu fühlen, was Wiedergeburt, Reinkarnation und Seelenwanderung anbelangt. Dort fand ich etliche unterschiedliche und manche gleichbedeutende Ansichten.

Letztlich durfte ich erfahren, die von mir gefundene, spirituelle Form, das TAO, beinhaltet sehr viel Basiswissen für verschiedene Religionen dieses Planeten.

Aus dieser, vor langer Zeit eingebürgerten, ursprünglich nicht irdischen Art und Weise religiösen Denkens, scheint sich so manche irdische Religion ein paar Scheiben abgeschnitten zu haben.

Aufgrund meiner Erkenntnisse sind allerlei unterschiedliche Seelenaspekte die ewigen Daseinsformen. Daraus ergibt sich:

Es gibt nur ein Leben im Geiste, das alle Zeiten überdauert.

Wir verlieren, aufgrund des in fortwährende Verwirrung geratenen Zustandes (gewollt oder ungewollt oder einfach damit übereingestimmt), die Erinnerungen an frühere Leben.

Dennoch werden wir Menschen mit all unserem althergebrachten Wissen und Können, einem gewaltigen, geistigen Schatz, in wechselnde Körpern immer und immer wieder hineingeboren.

Jetzt gilt es nur noch den Schatz zu heben, unsere alten Fähigkeiten wieder abrufbar zu gestalten.

Genau zu diesem Zweck dienen insbesondere die uns von wohlwollenden Wesen anvertrauten Möglichkeiten für Spirituelle Rückführungen.

TAO:

TAO ist für mich, als Druide des TAO, der Inbegriff der Seele, der Göttliche Funke der nicht dem physikalischen Universum zuzuordnen ist, wahrhaft ein Abbild des Göttlichen, des Göttlichen TAO.

Mit dieser Art des Seelenbegriffes gelangen wir etwas leichter zu vereinfachten Verhältnissen in den Definitionen.

Hiermit können wir jetzt auch wieder an TAO, als „die Person selbst" oder „das Selbst", anknüpfen.

TAO ist demzufolge: Vollständig bewusstes Göttliches Sein, das "Ich bin" eines Geistigen Wesens, eine wahrhafte Seele.

Der Begriff TAO floss mir hierfür aus meinem atalantischen Dasein im Doppel-Sonnensystem Atalant zu:

Wir sind in jedem Falle TAO, ob als Mensch oder als reines Geistwesen, und TAO ist das Göttliche Selbst, damit absolut deckungsgleich mit dem Seelenbegriff.

Darüber hat sich uns Druiden des TAO das Folgende offenbart. Aus einem übergeordneten Gesichtspunkt heraus, konnten wir die hier zusammengestellten Informationen erarbeiten:

01) TAO ist die Seele, ist TAO das Göttliche - TAO ist TAO.

02) TAO ist kein Bestandteil des physikalischen Universum, weder die Seele noch das Göttliche.

03) Durch Individualisierung haben wir uns in das Universum begeben.

04) Wir TAO als Selbst oder die Geistigen Wesen, sind nicht wirklich viele.

05) Mit zunehmender Individualisierung haben wir, TAO, uns dem „Großen Spiel" zugeordnet, im von uns geschaffenen Universum.

06) Jede TAO-Seele ist in der Lage mehrere Körper zu steuern.

07) Über das Steuern von Bio-Körpern halten wir, TAO, uns hier selbst im Spielverlauf gefangen.

08) Das Steuern von Menschen war anfangs eine kollektive Angelegenheit. Eine Seele steuerte ganze Gesellschaften.

09) Die „menschliche Seele" (ein Widerspruch in sich!) ist mittlerweile ein weitgehend individualisierter Aspekt.

10) Tiere einer Art (Ameisen oder Bienen, ...) sind meist noch immer kollektiv beseelt.

11) Auch menschlich geprägte Seeleneinheiten übernehmen vorübergehend Tiere.

12) Mit Aufmerksamkeit steuert TAO die Körper.

13) Aufmerksamkeit ist vergleichbar mit belebender Energie, mit Lebensenergie.

14) Belebende Energie ist, bewusst oder nicht bewusst, eingesetzte Aufmerksamkeit.

15) Jeder Körper ist ein Konstrukt aus Aufmerksamkeit. Viele Einheiten davon bilden ein Ganzes.

16) Mittels Aufmerksamkeit werden auch Informationen und Wissen aus der Umgebung gesammelt.

17) Erfahrungen sind allerdings oftmals schwere, belastende, karmisch zu nennende Anteile, die Aufmerksamkeit im vorgeblichen, virtuellen Strom der Zeit binden.

18) Das dramatisch Überbewertete, schmerzhaft Erfahrene sowie Verluste und Verlustängste binden uns ins Spielfeld des Universum.

19) Wer den alten Erfahrungen zu sehr nachhängt verliert seine ursprüngliche, seelische Leichtigkeit und seinen Spielgeist.

20) Anteile von Aufmerksamkeit bleiben im holographischen Raum und in der virtuellen Zeit hängen.

21) Wer diese Energie nicht bewusst machen und loslösen kann, bleibt über lange, lange Zeit daran gebunden.

22) Gebundene Aufmerksamkeit wird bis in die Gegenwart als Verlust dramatisiert und als schmerzhaft empfunden. Auf diese Art und Weise entstehen Ängste.

23) Dramen werden gerne auch konstruiert, um dem „ Großen Spiel" sowie dem „Spiel des Lebens" einen irgendwie gearteten, manchmal verrückten Sinn zu geben.

24) Solche Dramatisationen trennen uns vom Lebendigen.

25) Das überbewertet schmerzhaft Erfahrene, insbesondere in Verbindung mit Körpern, bindet uns gleichfalls ins physikalische Universum.

26) Besonders plötzliche Tode führen zu Verlustsituationen beim Erleben, wenn TAO dem Körper nachtrauert.

27) Verluste reihen sich an Verluste und belasten damit vergangene, dieses sowie spätere Leben.

28) Nach dem Tode werden alle Einheiten der körperlichen Aufmerksamkeit als Informationen mitgenommen.

29) Gestorbene erhalten sich dadurch ihre individuelle Identität. Sie tragen ihre Signaturen durch die Zeit.

30) Geister im Sinne von Gespenstern sind Reste von Aspekten, die sich nicht lösen können.

31) Gespenster-Aspekte sind alleine, ohne fremde Hilfe unfähig sich von Orten, Gegenständen oder Personen zu lösen.

32) Einzelne Aspekte können sogar bei anderen TAO-Seelen andocken. Hier spricht man dann von einer geistigen Übernahme oder von einer Besetzungen.

33) Es ist wichtig, den verstreuten Aufmerksamkeitsanteilen zu helfen, sich wieder zu vereinen.

34) Hierbei spricht man fälschlicherweise von abgespalteten Seelenanteilen oder dergleichen.

35) Das bedeutet nämlich nicht, dass TAO-Seelen als solche teilbar sind. Es handelt sich nur um Aufmerksamkeit.

36) Auch bei Verlusten von Aufmerksamkeit bleibt TAO, die Seele, immer vollständig.

37) Teilbar sind lediglich energetische Erscheinungen im physikalischen Universum.

38) Ursächliche Seelen können weder getötet werden noch werden sie krank, noch gehen sie verloren.

39) Krankheiten, Krankheitserscheinungen, Krankheitsbilder und dergleichen befinden sich nur im Verstand und im Nachzug im Körpersystem.

40) In den Speichereinheiten von Verstand und Körpersystem sind die jeweiligen Krankheitsbilder gespeichert.

41) Lediglich mittels Übereinstimmungen bindet sich die TAO-Seele selbst in das Universum, mit ihrem Verstand.

42) Solche Übereinstimmungen können tatsächlich zumindest vorübergehend so erscheinen, als wären Seeleneinheiten geschädigt.

43) Entsprechende Schäden sind lediglich physikalisch, also energetisch. Es sind Verluste von Lebensenergie.

44) Verlorene Lebensenergien sind im Raum und in der Zeit verlorengegangene Einheiten von Aufmerksamkeit.

45) Je mehr wir uns in Raum und Zeit verlieren oder verloren glauben, desto schwächer erscheint sogar TAO.

46) Unser aller Ziel sollte die Ganzwerdung sein, die Heilung als Heiligung.

47) BewusstSein, das Da-Sein aller Wesenheiten im HIER und JETZT, ist die Lösung für uns alle.

48) TAO zu Sein, Seele zu Sein heißt: Frei zu sein von Materie, Energie, Raum und Zeit.

49) Als TAO-Seele stehen wir außerhalb der Schwere des physikalischen Universum.

50) TAO ist zudem dauerhaft mit dem Göttlichen TAO verbunden, über der Illusion von Raum und Zeit hinaus.

51) Leichtigkeit und spielerisches Vergnügen führt zur Freiheit mit ursächlich wahrgenommener Verantwortung, mit Ethik und Ästhetik.

52) Es gilt, unseren ursprünglichen Spielgeist unbedingt wiederzuerlangen.

49) Als einzelne Egos sind wir allerdings nicht in der Lage dauerhaft frei zu sein. Viele Menschen wissen nicht einmal wofür sie frei sein sollen.

53) Nur die bewusste, gemeinschaftliche Verbindung im Geistigen TAO öffnet uns den Weg zum Ursprung, im Göttlichen TAO.

54) Als TAO-Seelen sind wir sowieso nicht vereinzelt. Über die Illusion von Raum und Zeit hinaus, sind wir beständig miteinander verbunden.

55) Das Wissens-BewusstSein dafür gilt es zurückzugewinnen.

Spirituelle Rückführungen sind ein Angebot, um unsere wahre Größe wieder zu finden.

Schließlich ist TAO nicht allein die Seele, die wir als die menschliche bezeichnen. Das Selbst, dem wir uns nähern dürfen, ist das wahre „Ich bin" einer sehr viel größeren Wesenheit. Andere würden dies als ein Über-Ich oder als das höhere Selbst bezeichnen wollen. In der Transzendenz zum Göttlichen ist all dies richtig und wahr.

Dem klein gemachten, kleinlichen Ego können wir entfliehen, sobald wir uns unserer wirklichen Größe bewusst werden.

Mit der Unterstützung durch Spirituelle Helfer, Rückführer oder andere, gelingt uns der Aufschwung, die Transformation vom Dasein als Mensch zum Dasein als Geistiges Wesen.

Im letztlichen verbinden wir uns in der Transzendenz mit dem Göttlichen TAO.

Uns wird mehr und mehr bewusst, wie eng wir mit dem TAO-Sein sowohl der allgegenwärtigen TAO-Natur in diesem physikalischen Universum als auch mit dem geistigen Kosmos allen TAO-Lebens verbunden sind.

In TAO vollzieht sich der Wandel einer Lebendigkeit, dem wir uns nur hingeben brauchen, um gleichfalls lebendiger zu sein. Dadurch gelingt eine Art von Magie der Lebensabläufe, wie von selbst.

In der Philosophie des irdischen Taoismus heißt es dazu:

„Das einzig Beständige ist der Wandel."

Dem kann ich mich, als Druide des TAO, nur anschließen, denn sobald wir dem Wandel Raum geben, erhöhen sich die Möglichkeiten im Leben. Das Leben wird vielfältiger und bunter. Wir können mehr Schwung in unser Erleben bringen.

Noch vielgestaltiger wären unsere Lebensinhalte, hätten wir den umfangreichen Zugriff auf frühere Leben, auf deren Wissensinhalte und Befähigungen. Auch könnten wir gezielt aufräumen, indem wir unsere karmischen Verstrickungen in Ordnung brächten.

Leider verlieren wir, aufgrund unseres derzeitigen, in fortwährender Verwirrung befindlichen Zustandes, als menschliche Lebewesen, gewollt oder ungewollt hineinversetzt oder einfach indem wir selbst damit übereingestimmt haben, vielfach die entscheidenden Erinnerungen an frühere Leben.

Lediglich bei Kindern, bis zirka zum fünften Lebensjahr und dann wieder bei den Jugendlichen in der Pubertät, können wir noch Fragmente einer Art Erinnerung feststellen.

Bei diesen noch jungen Menschen bricht ab und zu die weit, weit zurückliegende Vergangenheit durch und sie erzählen den Erwachsenen dann Geschichten von ihren früheren Leben. Dafür gibt es ungezählte Beispiele.

Doch welche dieser völlig anders geprägten Erwachsenen können etwas damit anfangen?
Wenn überhaupt zugehört wird, dann werden diese Erzählungen in den Bereich der Phantasie oder der Halluzinationen verworfen und auf diese Art und Weise einfach abgewertet.

Würden diese Erziehungsberechtigten ihren Kindern freiere Entfaltung, weniger Abwertung und mehr positive Bestätigung gewähren, hätten ihre Kinder, trotz der absichtlich herbeigeführten Verwirbelungen (von wem auch immer!?), schon in jungen Jahren die phantastische Chance, ihre wesentlich weiter entwickelten Fähigkeiten wiederzugewinnen, als man ihnen heute noch zugesteht.

Vermutlich werden zu späteren Zeiten die Menschen der Zukunft dann nur noch darüber lachen oder zumindest lächeln, weil ich etwas beschreibe, was dann sowieso alltäglich geworden ist, keiner weiteren Betrachtung bedarf.

Schon zu allen Zeiten haben wir immer wieder einmal wissen dürfen, dass wir mehr sind, als nur die Körpereinheiten oder Figuren im „Großen Spiel", speziell des Lebens.

So fragte Bischof Gregor von Nazianz (* um 329/330; † 390):

„Meine Seele, was denn bist du und
woher gekommen bist du?
Wer hat dieses Leibes Last dir aufgelegt?
Tu kund mir, welche Macht ist's,
die dich band an dieses Lebens Ketten?
Wie bist Du, der Hauch an diesen Körper,
an den Stoff der Geist gebunden?"

Skala der Emotionen

Absturz und Aufstieg

Kennst Du die Emotionsskala, auch bezeichnet als Tonskala der Emotionen? Weißt Du, dass diese Skala der Gefühle energetisch orientiert ist?

Es lassen sich per Definition keine entscheidenden Unterschiede zwischen den Gefühlen und den Emotionen festlegen. Die Begriffe werden oft gleichbedeutend verstanden und verwendet.

Tonfolgen begleiten die Emotionen, das heißt höhere oder niedere Schwingungen sind wirksam, wenn Gefühlswahrnehmungen sich im Körper niederschlagen.

Auch dem Verstand machen diese Einflüsse zu schaffen. Immerhin muss er die entsprechenden Eindrücke langfristig abspeichern und verarbeiten.

Ein über den Körper messbarer Geräteausschlag (etwa wie bei den Lügendetektoren) kennzeichnet die unterschiedliche Höhe der Gefühlsregungen.

Für diese Messungen ist ein Gerät erforderlich, bei dem man elektrische Ströme objektiv ablesen kann, die im Körper beziehungsweise auf der Hautoberfläche fließen. Ausschläge auf Skalen oder auf Papier zeigen die jeweilige Intensität an.

Wir unterscheiden dabei Gefühlswahrnehmungen auf Gradienten (Abstufungen).

Die negativen Emotionen sind auf einer Mess-Skala weiter unten angesiedelt. Entsprechend sind die positiv zu nennenden Emotionen in energetisch höheren Bereichen zu finden.

Besonders die niederen, als „negativ" benannten Emotionen hinterlassen vom Körper her einen deutlich unterscheidbaren, eben viel zu geringen Ausschlag auf der Skala.

Emotionen sind körperlich fühlbar, entweder mehr oder weniger.

Das vital hochwertige, so genannte „Positive Denken" entspricht einem stabilen Zustand auf dem richtig hohen Gradienten mit der Bezeichnung „Begeisterung". Auch diese Emotion verursacht ein enorm starkes Empfinden beim Menschen.

Ebenso ist es natürlich auch möglich, diese Skala der Gefühlsregungen oder der Emotionen ziemlich eindeutig am Aussehen und an der jeweiligen Fähigkeit zur Kommunikation, den Äußerungen von Menschen fest zu machen.

Beobachte dazu beispielsweise ganz genau, wie eine Person im Ausdruck ihrer Augen und im Gesicht auf Dich wirkt, wie sie sich gibt, was sie spricht und vor allem wie sie handelt.

Denn, so steht es auch in der Bibel (1. Johannes 2,1-6 und Matthäus 7,20):

„An ihren Taten sollt Ihr sie erkennen!"

Oftmals ist blinder Aktionismus rein reaktiv von Reflexen geprägt. Das heißt, ein automatisierter Reiz-Reflex-Reaktions-Mechanismus wird aufgrund von äußeren Einflüssen in Gang gesetzt.

Dies sind so genannte Restimulatoren, die sich plötzlich einschalten, wenn etwas einem älteren Gegenstand oder einem früheren Geschehen ähnelt. Auch andere Personen können, von ihrem Aussehen her oder wegen ihres Verhaltens, als Restimulatoren wirken.

Die Aktivität läuft dann reflexartig, ungebremst ab, vorausgesetzt der Verstand kann sich nicht schnell oder intensiv genug dazwischen schalten, um ausgleichend zu wirken.

Automatisierte Flucht-, Angriffs- oder aber Totstell-Mechanismen funktionieren auf diese Art und Weise.

Niedere Emotionen sind intensiv körperlich spürbar. Vor allem der Magen und der Darm sowie die Atmung und das Herz reagieren manchmal extrem. Derartig schlechte Gefühle, sowohl die Empfindungen als auch das ehemalige Verhaltensmuster, werden entsprechend lange in verschiedenen Materialien, in Gewebeteilen oder in den Energien der Aura gespeichert.

Die Spannbreite solcher niederer Emotionen reicht von Totsein (ganz tief auf der Skala) bis zu Wut und offener Gegnerschaft (relativ weit oben).

Wenn Ihr einer Person in die Augen schaut, so sind diese tatsächlich ein Spiegel, zwar nicht wirklich der Seele aber immerhin der Emotionsstufen und der damit einhergehenden Denkweisen.

Nicht umsonst kann jemand per Irisdiagnose oder mit Augendiagnostik den Zustand von Organen, der Lymphe und des Blutes sowie des Nervensystems erfahren. Ganz allgemein kann damit auch eine Krankheit festgestellt werden.

In den Augen eines Menschen könnt Ihr ebenso, mit ziemlicher Sicherheit, die niederen Gefühle sowie höhere Emotionen wahrnehmen.

Eine Faustregel könnte lauten:

Je weiter unten sich jemand auf der Skala befindet, desto trüber, weniger klar sind seine Augen.

Die Augen von Menschen spiegeln chronisch gewordene Emotionen. Aufsteigend finden wir Folgendes:

> Der Blick von **Tot**en ist eindeutig gebrochen. Ihre Augen sind gefühllos und reagieren auf gar nichts mehr.

> In **Apathie**, **Gram** und **tiefer Trauer**, den etwas höheren Emotionen, schiebt sich eine Art Schleier vor die Augen der Betroffenen. Aktionen sowie Reaktionen verlaufen schleppend langsam. Sie erfordern eine ziemliche Anstrengung.

> Bei **Mitleid**, einer Art Emotion die noch ziemlich „im Keller" anzutreffen ist, schlägt der liebe Mensch die Augen nieder und begibt sich auf die gleiche tiefe Emotion wie sein Gegenüber.

Wobei das Mitleiden noch niemals etwas positives gebracht hat, außer, dass nun noch einer mehr leidet.

> **Um Gunst bemühen**, wird die Emotion genannt bei der ein Mensch versucht sich mit hilfreichen Taten oder Geschenken eine ausgleichende Gerechtigkeit zu erkaufen.

Dies klingt zwar hart, ist aber sehr real, wenn wir den unterwürfigen Augenaufschlag und die geduckte Körperhaltung des Gebenden beobachten, der dieser Emotion chronisch anhängt.

> In der chronischen Emotion **Angst**, bis hin zu **Panik**, befinden sich die Augen gewissermaßen auf der Flucht.

Der unstete Blick wandert, ohne ersichtlichen Grund, hektisch im Raum herum.

Offensichtlich ist der Mensch ständig auf der Suche nach möglichen Gefahrenquellen.

> Bei der schlimmen bis gefährlich wirkenden Emotionsstufe: **Versteckte** oder **unterdrückte Feindseligkeit**, kann einen der Mensch nicht direkt anschauen.

Der entweder gesenkte oder permanent abgewandte Blick ist charakteristisch für einen versteckt feindseligen Menschen.

Manchmal wir diese Art und Weise der Blickführung, mit gesellschaftlicher Höflichkeit ummantelt bis entschuldigt.

> Mit **Gefühllosigkeit** begegnet uns jemand, dessen Blick zwar genau auf uns gerichtet ist, der aber so aussieht, als würde sein Fühlen, seine Emotionalität, hinter einer dicken Wandung oder einem Energieschirm abgebremst.

Die echten Gefühle und die wahren Gedanken sollen uns verborgen bleiben.

> Vor **Wut** und mit **Zorn** schnauben und gegen alles und jeden Grollen, ist die Stufe bei der die vordem versteckt gehaltene Gefühle durchbrechen.

Der Blick ist noch nicht ganz offen. Der direkte Blickkontakt wird vermieden, solange kein offener Krieg erklärt wurde.

Der Mensch betrachtet zwar jegliches Gegenüber als einen potentiellen Feind, aber im Innersten weiß er gleichzeitig noch, dass er für diese Betrachtung keinerlei Recht bekommt.

> Beim **Schmerz**, vorübergehendem oder intensiv chronischem, körperlichem sowie geistigem, zeigen die Augen des den Schmerz Empfindenden ebenfalls keinen geöffneten Bezug zur Umgebung.

Der Schmerz bindet energetisch die für den Blickkontakt notwendige Aufmerksamkeit im Körper beziehungsweise in die Gedankenwelt des Verletzten.

> **Offene Gegnerschaft**, ist die höchste der niederen Emotionen. Sie drückt sich aus, wenn die Augen zu Dolchen werden oder entsprechende Blitze verschleudern.

Hier wird der Gegner eindeutig als solcher definiert und hart fixiert. Mit bissig bohrendem Blick wird der/die/das Gegenüber erfasst, um ihm den Garaus zu machen.

Je höher Emotionen auf den Stufen hinaufschwingen, umso besser werden sie zuerst für den analytischen Verstand berechenbar beziehungsweise, noch weiter oben, für TAO auch im geistigen Sinne annehmbar.

****

> Ab der Stufe **Langeweile**, einer nun bereits positiven Emotion, wird der Blick von Stufe zu Stufe klarer und ruhiger. Man merkt: Die Person ruht in sich und strahlt diese Ruhe auch aus.

Höhere Emotionen sind vorwiegend im jeweiligen Verstand, dem Ratio (hiermit ist natürlich nicht das Gehirn gemeint), abgespeichert und beeinflussen den Körper aus dem Denken heraus.

Der Verstand versucht unter anderem als Puffer zu arbeiten, für das überhitzige Verhalten von Leuten, wenn diese zu sehr den Reiz-Reflex-Reaktions-Angriffen ihrer Körpereinheit ausgesetzt sind.

Bevor unüberlegte Aktionen ablaufen muss nochmals nachgedacht, durchdacht und geprüft werden. „Ich muss nochmals darüber schlafen." Diese Aussage ist typisch für die Arbeit des Verstandes, als analytischem Denkwerkzeug.

Alles was bei Langeweile angelangt ist und darüber hinausgeht, zählen wir auf der Skala zu den höheren Emotionen.

Nach oben sind den Emotionen im Grunde keine Grenzen gesetzt. Hier, in diesen Aufzeichnungen, erarbeiten wir uns jedoch im Höchstfall die wertvolle Emotion: **Begeisterung**.

Sie ist, wie schon erwähnt, maßgeblich für das, was wir allgemein als „Positives Denken" kennen.

In diesem Zustand beginnen die Augen zu blitzen, besonders, wenn die Person ihre kreativen Ideen anderen vermitteln möchte. Alleine schon mit ihrem Blick kann so jemand die Begeisterung weitergeben.

Natürlich muss auch ein Gegenüber für diese sehr hohe Tonstufe empfänglich sein, sonst funktioniert die Entzündung nicht.

Leute auf tieferen Stufen versuchen die, von der Begeisterung getragene Wesenheit eher zum Abstieg zu bewegen. Sie bringen der Person keinerlei Verständnis entgegen.

Diese Menschen reagieren auf dessen Hochgefühl sogar mit Neid und Missgunst.

Auf der Skala der Emotionen gibt es Absturz und Aufstieg innerhalb jeglicher Zeiteinheiten, innerhalb von Tagen, Stunden oder sogar Minuten. Dies ist unter anderem abhängig von den jeweiligen Einwirkungen von außen.

Deshalb ist es so überaus wichtig ein hohes Verstehen zu seinen Mitmenschen zu erlangen.

Ein junger Mann, der bei mir zur Spirituellen Rückführung war, reagierte extrem sensibel auf elektromagnetische Wellen in seiner jeweiligen Umgebung.

Er wurde in Werkstätten, Büros und Supermärkten mit starker Neonbeleuchtung regelmäßig emotional „überdreht", um dann tiefer abzustürzen.

Obwohl er eigentlich sonst sehr begeisterungsfähig war, stürzte er auf der Skala der Emotionen in die Tiefe, bis hin zu aggressiv und streitsüchtig. Sobald er den energetisch negativen Ort verließ, fühlte er sich dann furchtbar müde und abgekämpft.

Er erholte sich aber allein schon mit einem kräftigen Schluck Wasser; seine Emotionen gingen langsam wieder nach oben.

Andere Menschen reagieren tatsächlich auf das Verspeisen von Wurst oder von Fleisch mit den ganz tiefen Emotionen, wie Trauer, Gram oder Mitleid.

Wohl gemerkt: Es bedarf bei solchen Gefühlen keiner rationalen Überlegung. Es handelt sich lediglich um eine reflexartige Aktivität auf einen entsprechenden Reiz.

Alkohol, Tabletten und harte Drogen verändern die Leute so total, dass sie nach deren Einnahme geradezu andere Persönlichkeiten sind. Erst „tanzen" sie auf der Emotionsskala, um schließlich völlig abzustürzen, wenn die Droge ihre Wirkung verliert.

Für ein harmonisches Miteinander ist es sehr wichtig, zu einem hohen Grad des wirklichen sowie des emotionalen Verstehens für seine Mitmenschen zu gelangen.

Entsprechend dem **Magischen Quadrat für Verstehen** finden wir heraus: Das direkte Zusammenspiel von absichtsvoll geführter, mentaler Kommunikation ruft Zuneigung hervor.

Im kommunikativ wechselvollen Ausgleich von Ideen, für geistig wahrnehmbare Wirklichkeiten, erreichen wir Gemeinsamkeit.

Daraus entsteht möglichst dauerhafte Übereinstimmung, dann folgt Verständnis und schließlich gutes Verstehen zueinander.

Verständnis füreinander und das Verstehen zueinander wachsen zunehmend in der beständigen Übereinstimmung, je intensiver die einzelnen Bestandteile des Quadrates für Verstehen angewandt und gepflegt werden.

Dieses „Magische Quadrat", das die Zunahme oder die Abnahme von Verstehen versinnbildlicht, kann so entweder größer oder kleiner gemacht werden, durch die aktive Anwendung und der Umsetzung der einfachen Gesetzmäßigkeiten.

Für mehr Verstehen oder zumindest mehr Verständnis.

Für Zufriedenheit, Wohlstand, Wohlbefinden, Harmonie, Freude im und am Leben.

Aus der Anwendung des **Magischen Quadrates für Verstehen** folgt:

Kommunikation ist das ultimative Lösungsmittel für alle Problemstellungen.

Die fortgesetzte, absichtsvolle, mentale Kommunikation hebt die Fähigkeit von gegenseitigem Verstehen. Daraus entstehendes Anheben, auf der Skala der Emotionen, führt zum gewünschten Erfolg.

Probleme werden gelöst oder Herausforderungen geschafft, einfach indem wir lernen, offen und ehrlich miteinander zu kommunizieren.

Die Basis dafür sind zueinander führende Zuneigung sowie zwischenmenschlich freundschaftliche Liebe.
Wichtig ist außerdem die Übereinstimmung mit gemeinschaftlich geschaffenen Betrachtungen von Wirklichkeit und der daraus resultierenden Realität in der jeweiligen Umgebung.

Grundlegend für das Verständnis der Menschen füreinander, ist das Wissen um die **Skala der Emotionen**.

Diese Skala lässt deutlich erkennen, welche Bereiche im Negativen und welche im Positiven anzusiedeln sind. Hiervon ausgehend kann auch das "Positive Denken", das ausschließlich mit den positiven Emotionen einhergeht, eindeutiger definiert werden.

„Nicht was wir erleben, sondern wie wir empfinden, was wie erleben, macht unser Schicksal aus."

Marie Freifrau von Ebner Eschenbach

NEGATIVE EMOTIONEN

Körperlicher Tod

Am unteren Ende der Skala finden wir den **körperlichen Tod**: Jemand, der in dem Bereich von körperlichem Tod angelangt ist, hat das derzeitige Spiel seines Lebens eindeutig wieder einmal verloren, zumindest vorübergehend.

Voraussetzung für einen sauberen Abschluss des abgelaufenen Lebens ist, dass keine offenen Aktionszyklen übrig geblieben sind, was sicher selten vorkommt.

Das Abschließen von Aktionszyklen aller Arten wäre eine weitreichende Karma-Bewältigung, wie sie in den uralten Religionsfiktionen von Hinduismus sowie von Buddhismus und Jainismus angestrebt werden.

Apathie

Etwas darüber, geraten wir in den Bereich von **Apathie**: Selbstmordkandidaten, Rauschgiftsüchtige und die schweren Alkoholiker, außerdem fatalistische Spieler (Schicksalsgläubige) finden wir auf dieser Stufe.

Der Mensch in dieser Emotionsstufe hat aufgegeben. Er schaltet ab und er tut manchmal so, als hätte er seinen Frieden gefunden. Den Frieden in der Gruft?

Trauer

Aufsteigend geraten wir in die noch immer sehr negative Emotion **Traurigkeit** oder **Gram**: Ein andauernder Jammerer, klammert sich an alte Erinnerungen. Er sammelt gewissermaßen Kümmernisse. Er fühlt sich betrogen.

Alles verursacht ihm Pein. Der Mensch auf dieser Stufe hat das Gefühl andauernd zu versagen.

Er ist aber immerhin bereits in der Lage seinen Protest nonverbal sowie verbal auszudrücken.

Um Gunst bemühen

Noch etwas höher begegnet uns die Emotionsstufe: **Sich um Gunst bemühen**. Hier sehen wir jemanden, der es jedem recht machen möchte. Er beschwichtigt gerne, stimmt günstig und verteilt ausgewählte Gunstbeweise.

Dies tut er, um sich selbst vor schädlichen Folgen oder auch nur eingebildeten, schädlichen Folgen zu bewahren.

So jemand hat ständig die, für ihn notwendig erscheinende Neigung, die Menschen seiner Umgebung zu "dämpfen".

Mitleid

Auch die Emotionsstufe **Mitleid** ist tatsächlich im negativen Bereich: In diesem Bereich fürchtet jemand sich, den Menschen weh zu tun. Er hat das zwanghafte Bedürfnis zur Übereinstimmung mit fast jedermann.

Dieser Mensch bekümmert sich um jeden, dem es irgendwie dreckig geht. Er ist jemand, der sich hin- und hergerissen fühlt, zwischen selbstgefälliger Fürsorglichkeit und Tränenfluten.

Angst

Nackte Angst, **Panik** und **Furcht** sind auf der Skala tatsächlich noch darüber: Ein Mensch auf dieser Stufe zieht sich von anderen Menschen zurück. Er verliert schnell die Sprache und erscheint äußerst bescheiden. Dabei ist dieser Mensch extrem argwöhnisch gegenüber anderen. Er ist gefangen, in seiner Unentschlossenheit, seiner Feigheit und Ängstlichkeit, in seinen Sorgen und im Argwohn, denen er jedoch auch zu entrinnen sucht.

Versteckte Feindseligkeit

Ein klein wenig höher ist die Emotion **versteckte Feindseligkeit** angesiedelt: Ein freundlicher Heuchler, Schwätzer und Schauspieler witzelt gerne und macht Scherze auf Kosten anderer Leute.

Er bemüht sich andere zu verstören. Er umschmeichelt seine Opfer. Dabei wartet er nur auf den passenden Moment, sie hereinlegen zu können.

Mit einer besonderen Taktik gibt es welche, die nervös lachen oder in einem fort grinsen, wobei sie erwarten, dass man ihnen grundsätzlich vergibt.

Gefühllosigkeit

Ganz schwer einzuordnen ist die Emotionsstufe der eiskalten **Gefühllosigkeit**: Das mitleidlose Verhalten ist bei oberflächlicher Betrachtung sowohl mit Apathie als auch mit Langeweile zu verwechseln.

Man spürt jedoch, bei entsprechender Sensibilität, den unterdrückten, heftigen Zorn, ausgehend von einem grausam stillen "Eisberg". Mit seiner frostigen Höflichkeit lässt er dennoch erkennen: "Ich tue was ich will, ob es Euch passt oder nicht!"

Wut

Nur wenig darüber steht die **Wut** oder der **Zorn** auf der Tonskala: Auf dieser Stufe bedroht der Mensch andere und besteht auf unbedingten Gehorsam.

Dieser Mensch beschuldigt alle anderen Menschen aus seiner Weltsicht heraus. Der chronisch zornige Nörgler gebärdet sich häufig unbeherrscht, aggressiv und aufbrausend.

Dabei beschimpft, missbilligt und missachtet er seine Mitmenschen. Er ist ewig nachtragend.

Schmerz

Die Skala der Emotionen setzt sich nach oben fort, mit der negativen Stufe genannt **Schmerz**: Ein Mensch auf dieser Stufe, hadert mit Gott und der Welt.

Er hat ständig mindestens ein "Wehwehchen" und wütet gegen alle Objekte, durch die ihm jemals Schmerz verursacht wurden.

Eine mit voller Absicht, aus sich selbst heraus schwierig gemachte Stufe, auf der sich Menschen empfindlich, reizbar und unkonzentriert zeigen dürfen, weil sie schließlich nicht anders können, als vor lauter Schmerzen zu jammern.

Gegnerschaft

Offene Feindseligkeit und **Gegnerschaft** schließen die Skala der schlimmen Negativ-Emotionen nach oben ab: Auf dieser Stufe zeigt sich nun nochmal ein extrem schlechter Verlierer, der fast alles anzweifelt. Es ist einer, der unbedingt debattieren und rechthaben muss, ist unverblümt ehrlich aber grausam taktlos.

Dieser Mensch hat allen anderen sowie dem System und seinen Vertretern den Krieg angesagt. Er will unbedingt vernichten und kämpft sich so durch. Seine Wortwahl verrät den Mordbuben, der er gerne wäre.

**„Verstand ohne Gefühl ist unmenschlich,
Gefühl ohne Verstand ist Dummheit."**

Egon Bahr, deutscher Politiker

POSITIVE EMOTIONEN

Langeweile

Die erste Emotion, die als zumindest bedingt positiv bezeichnet werden kann, heißt **Monotonie** oder **Langeweile**: Hier finden wir den Zuschauer, für den die ganze Welt eine Bühne ist, mit Geschehnissen die an ihm vorüberziehen.

Er nimmt die Dinge wie sie sind, ist weder zufrieden noch unzufrieden, ist dabei zwar ziellos aber bedingungslos sorglos.

Ein Mensch auf dieser Emotionsstufe ist ein Fachmann im Totschlagen der Zeit, lässig und großzügig aber niemals bösartig.

Konservatismus

Über die darauf folgenden Zwischenstufen, von Desinteresse zu Zufriedenheit und weiter hinauf zu mildem Interesse, gelangen wir zu **Konservatismus**. Ein Mensch auf dieser Stufe meidet das Außergewöhnliche. Dieser Mensch geht konform mit dem "Normalen".

Die Vorsicht ist der straff gespannte Leitfaden dieses Menschwesens. Im Denken an Sicherheit gipfelt seine Lebensweise, sowohl passiv als auch aktiv.

Der konservative Mensch beginnt keine Aktion, ohne sie zuvor sorgfältig bedacht zu haben. Dabei ist er ein analytisch denkender und handelnder Verstandesmensch durch und durch.

Er ist kein allzu problematischer Mensch. Immerhin ist er tolerant und für vieles offen.

Starkes Interesse

Weiter die Skala hinauf steigend, erreichen wir die Stufe **starkes Interesse**: Auf dieser Emotionsstufe ist erstmals positives Denken relativ stabil möglich.

Der Mensch ist hier aktiv und interessiert sich für alles, Positives wie Negatives, Gut oder Böse.

So jemand kann sich mit konstant gleichbleibendem Interesse sogar mehr als nur einer Angelegenheit widmen.

Er verfolgt sehr ausdauernd und ohne Rücksicht auf Verluste seine kreativen und konstruktiven Ziele. Hier finden wir sowohl Künstler als auch Erfinder und Tüftler.

Begeisterung

An der verhältnismäßig hoch aufgesetzten Spitze dieser Skala der Emotionen steht die **Begeisterung**: Ein begeisterter Mensch hat riesige, mitreißende Freude an seiner Arbeit.

Er ist beschwingt und extrem aufgeschlossen und er ist sofort bereit, auch für richtig große Aktionen Verantwortung zu übernehmen. Als ein extrovertierter Mensch ist er nach außen orientiert.

Mit seinem Aktionseifer inspiriert er auch andere ihm nachzueifern, ebenfalls etwas zu tun.

Damit ist er ein Lichtbringer, ein Entzünder, ein flexibler Mensch auf der Siegerstrasse.

Nochmals:

Wir steigen und fallen täglich oder stündlich, vielleicht sogar minütlich auf dieser Emotionsskala.

Irgendwo auf der Skala ist jedoch für jeden ein chronischer, dauerhafter Zustand erkennbar.

Aus diesem chronischen Zustand müssen wir unsere rat- und hilfesuchenden Freunde dringend befreien.

Denn jegliche Festlegung auf nur einer, vor allem aber auf einer der negativen Stufen, ist gewissermaßen krankhaft.

Doch sogar jemand der sich chronisch relativ hoch auf der Skala befindet, gerät in gesellschaftliche Schwierigkeiten, wenn er nicht mehr in der Lage ist, auch in die tieferen Stufen einzutauchen, zumindest zeitweilig und der entsprechenden Situation angepasst.

Man kann einfach während einer Beerdigung nicht in Begeisterung schwelgen. Das kommt bei den trauernden Mitmenschen nicht besonders gut an.

Die gesellschaftlich dargestellten Emotionen sind ganz selten gleichbedeutend mit den chronischen Tonstufen.
Chronische Emotionen befinden sich meistens um ein Vielfaches unterhalb derer, die Menschen gerne zur Schau tragen.
Dies kann soweit führen, dass man jemandem zum Vorwurf macht, er trage nur eine Maske.
In Wirklichkeit gehe es ihm doch sehr viel anders, meistens eben schlechter, als er versucht seinen Mitmenschen darzubiete.

Doch genau darin liegt die besondere Kraft von TAO, von Geistigen Wesen, die sich, wie einst Baron von Münchhausen, möglichst an den eigenen Haaren aus dem Sumpf herauszuziehen vermögen, der einen zu verschlingen droht.

Entscheidend ist lediglich immer, die wirklich bewusste Wahrnehmung der jeweils höheren oder auch niedrigeren Emotionsstufe.
Zudem wichtig ist die frei bestimmbare Möglichkeit, sich jederzeit lösen zu können und auf der Skala der Emotionen bewusst wieder auf- oder sogar abzusteigen.

Spirituelle Helfer sollten diese Beweglichkeit auf der Skala beherrschen.

Die geistige Absicht dafür sagt:

„Täusche vor!"

Mit diesem Motto spielen wir dann virtuos mit den unterschiedlichen Emotionen, den eigenen und denen der anderen.

Dies soll Dir selbstverständlich vorrangig dabei helfen, Deine Mitmenschen auf der Skala der Emotionen anzuheben.

Der gebildete Spirituelle Helfer nutzt niemals aus, was er auch zum Schlechten anwenden könnte.
Denn mit dieser Befähigung könnte jemand etwa zur Unterdrückung anderer Menschen beitragen.

Der Spirituelle Helfer steht ohne Wenn und Aber darüber.

Nämlich über den nichtbewussten Schwankungen auf der Emotionsskala, über dem Bedürfnis andere zu beherrschen, sie mit seinem Wissen und seinen Fähigkeiten zu unterdrücken.
Ein wahrhaft die Freiheit liebender Mensch steht grundsätzlich über den irren, niederen Bedürfnissen eines machtgierigen, seine Wissensinhalte ausnutzenden Diktators.

So sollte auch niemals jemand mit
nur einer Tonstufe direkt konfrontiert werden!!!

Mit der Überzeugung: „Ich sehe, Du stehst auf der Skala bei … ."
kann jemand regelrecht darauf „festgenagelt" werden.

Der Absturz

Wir stürzen auf der Skala der Emotionen immer wieder einmal
ab. Besonders sobald wir unser Verstehen für die Vorgänge auf der
Skala einbüßen.

Die Aussage: „Ich verstehe nicht ....", macht deutlich hier besteht entweder ein gravierender Mangel an Daten oder es hat ein
vorsätzlicher Wissensverlust zur Verringerung unseres Verständnis-
ses stattgefunden.

Dabei kommt es doch tatsächlich vor, dass sich Menschen selbst
des Verstehens berauben, die Augen fest davor schließen und absichtlich so tun als wüssten sie nichts über eine gewisse Sache.

Hinterfragt ein Spiritueller Helfer dann gezielt, so kommt es
schlagartig zum plötzlichen „Aha"-Erlebnis.

Der Schleier des Nichtwissens hebt sich mit einem Schlag und
der Mensch fühlt sich sofort um einiges besser.

Der Mensch steigt in sekundenschnelle
auf der Skala der Emotionen nach oben.

Genau so geschieht es umgekehrt, wenn Leute unvermittelt oder
über längere Zeiträume hinweg ihrer stabilen Daten beraubt werden. Wenn die festen Lebensgrundlagen entzogen werden, ist der
Absturz gewissermaßen vorprogrammiert.

Krankheiten, Unfälle, Verbrechen, Katastrophen, sogar Kriege
und ... sind solche Situationen in denen Menschen die Stabilität genommen wird. Die Planung im Leben ist in Gefahr. Der bis dahin
kontrollierbare Lebensplan gerät aus den Fugen.

Wer sich jetzt nicht selbst stabil oben halten kann oder von anderen gehalten wird, trotzdem und überhaupt, verliert sich im Strudel der Ereignisse, stürzt ins Bodenlose.

In unserer näheren sowie der weiter zurückliegenden Vergangenheit mussten wir etliche dieser Abstürze durchstehen.

Deshalb: **Alle Achtung!** Wer bis heute dennoch soweit mitspielen konnte, dass er am „Großen Spiel" und speziell des Lebens, relativ normal teilnahm und weiterhin teilnimmt, hat ungeteilt unser aller Hochachtung verdient.

Erst während Spiritueller Rückführungen wird das volle Ausmaß deutlich, bei welch widrigen Gelegenheiten wir unsere ehemals hervorragenden Fähigkeiten eingebüßt haben.

Der zunehmende Verlust von Wissen und Fähigkeiten ist vorrangig bestimmend, für den ungeheuren Absturz, im Umgang mit sich selbst sowie mit anderen.

Je weniger wir uns selbst und dann selbstverständlich andere Menschen verstehen können, umso schneller und tiefer stürzen wir die Skala hinunter.

Wenn uns die Ausdrucks- und Handlungsweisen des eigenen Ich anfängt unverständlich zu erscheinen, werden wir uns auch zunehmend beim Verstehen entfremden und dem Verständnis für andere Personen nicht mehr entgegenkommen.

Hinzu kommen Kontrollverluste, indem wir zuerst Lebensbereiche bei uns selbst und dann auch im Zusammenleben mit den anderen Menschen nicht mehr unter Kontrolle haben.

Zu den Verlusten gehören ebenso die Seh-, Hör-, Riech- und Schmeck- sowie Fühlstörungen, außerdem Essensstörungen sowie Verdauungsstörungen.

Zudem geben sich Menschen wie selbstverständlich, allen Arten von Süchten hin. Daraus resultieren öfter Zwangshandlungen. Diese „befähigen" uns zwanghaft, uns und unsere Umgebung dennoch irgendwie unter Kontrolle zu halten, die Störungen entweder auszugleichen oder sie zu befriedigen.

Insbesondere zwischen Partnern in Ehen oder ähnlichen Lebensgemeinschaften vollzieht sich dann ein Kampf um die Kontrolle über den jeweils anderen.

Der letztliche Kontrollverlust spielt sich beim zunehmenden Altern und beim Sterben ab.

Das ist dann der Punkt, an dem wir, die eigentlich so fähigen Geistigen Wesen, dennoch zugeben müssen, dass wir den zwischenzeitlich lieb gewonnenen Körper nicht länger daran hindern können, alt und gebrechlich zu werden.

Der Tod ist schließlich die mehr oder minder freiwillige Abgabe der Kontrolle, an den Ablauf im Rad des Lebens.

Kommunikationsfähigkeit beim Absturz

Resultierend aus dem Magischen Quadrat für Verstehen sind die entscheidenden **Bestandteile für das Verstehen**:

1) Absicht, 2) Kommunikation, 3) Ausgleich, 4) Wirklichkeit,
5) Gemeinsamkeit, 6) Zuneigung, 7) Übereinstimmung und
8) Verständnis, letztlich 9) Verstehen.

Diese Bestandteile schwinden bei immer tieferen Emotionen.

Leider nimmt, beim sich fortsetzenden Absturz entlang der Skala der Emotionen, die Absicht zu einer Mitteilung immer mehr ab. Die Absicht zur Kommunikation und damit zum absichtsvollen Ausgleich ist entscheidend für die weiteren Bestandteile.

So tritt die Kommunikation bei fortschreitendem Absturz mehr und mehr in den Hintergrund. Je weiter unten sich jemand auf der Skala der Emotionen befindet, umso weniger fähig ist die Person zur Kommunikation.

Die echte, geistige Wirklichkeit, als Vorstufe zu qualitativer und quantitativer Realität, wird bei den negativ wirkenden Emotionen zu Schein, zu verfälschten Tatsachen und zu Illusionen. Es findet keine Gemeinsamkeit bei der Betrachtung der Welt mehr statt.

Das, was für andere Menschen unzweifelhaft und einfach offensichtlich ist, wird beim Eintritt in immer tiefere Zustände von Emotionen erst angezweifelt, dann abgewertet und vollständig verdreht dargestellt, bis solche, allgemein gültigen Realitäten schließlich gar nicht mehr wahrgenommen werden können.

Die Zuneigung, auch als Affinität oder Verwandtschaft definiert, bleibt auf der Strecke, in jeder Ausprägung, von der einfachen Anziehungskraft bis hin zur bedingungslos wirkenden Liebesfähigkeit, sowohl gegenüber den Lebewesen als auch zu Dingen.

Es entwickelt sich keinerlei irgendwie geartete Übereinstimmung mehr. Damit verlässt auch das Verständnis füreinander die Bühne des Lebens. Dem Verstehen in jeder Form, ob einfach nur akustisch oder darüber hinaus intellektuell oder zusätzlich noch emotional, ist somit die Basis entzogen
Bis hin zum Zustand des Todes verlieren Menschen immer mehr ihre Kommunikationsfähigkeit.

Während ein menschliches Wesen, das sich im Bereich der positiven Emotionen befindet, von Langeweile aufwärts, seine unmittelbare Umgebung immer heller und klarer wahrnehmen kann, verblasst beim Absturz das Licht und die daraus resultierenden Farben zunehmend. Bei den tieferen Emotionsstufen überwiegen die Grautöne in den Farbeindrücken.
Deshalb wirken die Jahreszeiten, der späte Herbst und dann der Winter, für die Leute die sich auf der Emotionsskala chronisch weit unten aufhalten, besonders belastend.

Obwohl **Konservatismus** zu den positiven Emotionen zählt, beginnt sich diese Unfähigkeit bereits hier bemerkbar zu machen.
Jene konservativ eingestellten Persönlichkeiten, verlieren sich, bei ihrer täglichen, ziemlich flachen Konversation, manchmal in allzu ernsten, abgedroschenen Worthülsen. Deren Wortschatz wirkt zwar sehr überlegt und höflich. Ihre Höflichkeit vollzieht sich dabei aber in einem formelhaft anerzogenen Verhalten. Ein Konservativer darf nirgendwo anecken!

Das mehr kreative Geplauder der noch höheren Emotionsstufen wird hier bereits unterdrückt, zugunsten des Hofes (daher kommt dieses „höflich"), dem man vorgibt zu dienen.

Auch bei der **Langeweile** ist die Kommunikation nicht besonders ergiebig, da die gelangweilte Person lediglich eine Art Zuschauer und kein aktiver Macher im Geschehen des Lebens ist.
So jemand erzählt überwiegend von dem, was er bei oder von anderen gesehen oder gehört hat.

Im Bereich von heftiger **Gegnerschaft**, der ganz oben angesiedelten, negativen Emotion, werden wirklich böswillig gemeinte Worte zu Waffen. Damit sollen Gegner jeder Art ausgeschaltet werden, kurz und möglichst schmerzhaft. Ständige Debatten mit Rechthaberei ersetzen das wertvolle Miteinander von Kommunikation.
Wer sich chronisch auf dieser Tonstufe aufhält, verliert sein Dasein im ständigen Bezweifeln, sowohl der eigenen Fähigkeiten als auch natürlich der Gutwilligkeit seiner Mitmenschen.

Die **Schmerz**-Stufe reduziert Kommunikation noch weiter. Jegliches vorrangige Gesprächsthema ist das, was immer irgendwie oder irgendwo weh tut.
Schmerzen jedweder Art und Weise, sowohl bei sich selbst als auch bei all den anderen, bestimmen das Denken sowie das Reden von Leuten dieser chronisch gewordenen Stufe.

Noch weiter unten toben die zornigen **Wut**-Menschen. Chronisch aggressiv und aufbrausend verlangen sie unbedingten Gehorsam.
Deren einseitige Kommunikationsform beinhaltet hauptsächlich verallgemeinernde Beschimpfungen und Schuldzuweisungen.
Es gibt hier keine konkreten Gegner, sondern Gott und die Welt sind einfach ungerechte Systeme.

Die Kommunikationsbereitschaft stirbt fast völlig bei Leuten auf der Stufe von **Gefühllosigkeit**.
Diese menschlichen Eisberge reden nur, wenn sie wollen und dann auch nur über das, was ihnen gerade in den Kram passt.

Gefühllosigkeit hat überhaupt nichts mit Apathie und auch nichts mit Langeweile gemeinsam, obwohl diese Emotion manchmal ähnlich erscheint.

Auf der wiederum noch tieferen Stufe von: **Versteckte Feindseligkeit** scheint die Kommunikationsfähigkeit noch einmal aufzuflammen.

Dies jedoch nur, um mit Witzen und Scherzen die Menschen des Umfeldes zu verstören. Deren Wortwahl zielt immerfort darauf, sich auf Kosten anderer Leute hervorzutun.

Mit seiner falschen Freundlichkeit und mit Schmeicheleien versucht eine Person auf dieser Stufe jedermann hereinzulegen.

Noch etwas weiter unten, auf der Skala der Emotionen, sind **Furcht** und **Angst** angesiedelt, die sogar in Panikattacken münden können. Zum eigenen Schutz ziehen sie sich in ihr vorgeblich schützendes Schneckenhaus zurück und verhalten sich vorsichtshalber ruhig, stellen die Kommunikation ein.

Die Leute dieser Stufe sind eng und atemlos. Sie verlieren ganz schnell die Sprache.

Menschen auf der Emotionsstufe **Mitleid** reden bestenfalls über ausgewählte Themen, die in ihre mehr oder weniger spezielle Welt- und Lebensbetrachtung passen. Dafür erwarten sie Zustimmung und Bestätigung. Diese Menschen brauchen dringend Anerkennung durch ihre Mitmenschen, diese fordern sie regelrecht ein.

Somit ist ihr vorgespiegelter, vorgeblicher Altruismus, nicht viel mehr als eine spezielle Form von Egoismus.

Das kommunikative Dasein bleibt beim Erhaschen von möglicher Zustimmung hängen.

Ab **um Gunst bemühen**, weiter abwärts zu den Emotionen **Traurigkeit** und **Gram** sind Leute nicht mehr wirklich gesprächig.

Deren Wortwahl ist zunehmend beziehungsweise abnehmend einsilbig und der Satzbau kurz und abgehackt.

Die Menschen dieser Stufen reden immer unklarer und wirr und sie äußern sich ziemlich vernuschelt.

Ab den Emotionsstufen **Opfer** und **Hoffnungslos**, über **Apathie** bis hinunter zu **Sterbend** lässt jemand es zu, dass andere reden, sich mit einem beschäftigen, für einen die „letzten" Entscheidungen treffen.

Hierbei zieht man sich aus der Kommunikation mit seiner Umgebung sowie mit anderen Menschen immer weiter zurück.

Beim eingetretenen **Tod** erscheinen dann den meisten Menschen alle der üblichen Kommunikationsformen sowieso völlig sinnlos.

Der Aufstieg

Solange sich jemand chronisch im tieftonigen Bereich der negativen Emotionen befindet, gerät nicht nur er in persönliche Schwierigkeiten. Auch die Umgebung wird in dessen Problemfeld auf Dauer hinein gezogen.

Deshalb macht es durch und durch Sinn diesen Menschen heraus zu helfen. Dies gilt selbstverständlich nicht nur für Menschen die mit Schmerzen behaftet sind.

Über Spirituelle Rückführungen gelingt dies allerdings erst dann, wenn sich die Person auf solche Sitzungen freiwillig einlässt.

Etwas einfacher wäre zum Einstieg ein Ausgleich des jeweiligen allzu disharmonischen Energiefeldes.

Auch damit lassen sich energetisch aufgestaute Lasten erleichtern die sich im System eines Körpers verfestigt haben oder sich zu verfestigen drohen.

Doch auch dafür ist eindeutige Bereitschaft zur kommunikativen Bewältigung erforderlich.

Immer muss sich der Mensch aus freiem Willen darauf einlassen.

Kommunikation für den Aufstieg

Die einfachste Lösung für den Umgang mit den Emotionen, ist die Erhöhung im Gespräch, über die Anwendung der Prinzipien des **Magischen Quadrates für Verstehen**.

Deshalb bringe ich hier nochmals die Bestandteile des Magischen Quadrates:

1) Absicht, 2) Kommunikation, 3) Ausgleich, 4) Wirklichkeit,
5) Gemeinsamkeit, 6) Zuneigung, 7) Übereinstimmung und
8) Verständnis, letztlich 9) Verstehen.

Durch die Anwendung des Magischen Quadrates erreichen wir wieder mehr Verstehen.

Wir heben die Person bis hin zum Bereich der positiv wirkenden Emotionen und dann, falls wir sie davon überzeugen können, stabilisieren wir den Zustand dauerhaft und stärken den aufwärts gerichteten Trend per Spiritueller Rückführungen.

Wie schon erwähnt, ist Kommunikation das ultimative Lösungsmittel für alle Arten der von Menschen verursachten Probleme.

Die Fähigkeit des Spirituellen Helfers zu absichtsvoll geführter, fortgesetzter Kommunikation hebt andere und sogar ihn selbst auf der Skala der Emotionen an.

Die Kommunikation darf aber nicht einseitig gestaltet sein; sie darf nicht in der Art von Information, immer nur von einer Person ausgesandt werden. Das sähe dann so aus, als ob jemand versuchen würde einen anderen in Grund und Boden zu reden.

Die Kommunikation für einen beabsichtigten Aufstieg muss immer auf zwei Wegen ablaufen. Bei einer solchen Zwei-Wege-Kommunikation darf niemand übervorteilt werden.

Rede und Gegenrede befinden sich zueinander ständig in einer Wechselwirkung. Die Gesprächspartner ergänzen einander.

Eine besonders wichtige Komponente ist hierbei die leider selten gewordene Fähigkeit des: Zuhören können.

Denn, wenn diese Art und Weise der Kommunikation abläuft, sendet immer erst eine Person einen überschaubaren, ziemlich leicht nachvollziehbaren Gedanken. Die andere Person hört gut zu und sendet danach ihren Gedanken aus.

Während also eine Personen spricht, hat die andere oder haben mehrere andere vorübergehend zu schweigen und statt dessen bewusst zuzuhören, bestenfalls den Empfang zu bestätigen. Eine kurze, bestätigende Äußerung (mh, aha, ...) zeigt beweisend an, dass die Kommunikation tatsächlich angekommen ist. Erst danach erfolgt die Gegenrede, falls dies im Gespräch erforderlich erscheint.

Wichtig ist, dass derjenige, der einer anderen Person helfen will auf der Skala der Emotionen wieder nach oben zu kommen, sich selbst kurzzeitig zuerst auf dessen Stufe begibt, um von dort aus gemeinsame Wirklichkeit zu kreieren, wie beispielsweise ein ehrlich gemeintes: „Ich kann Dich verstehen!".
Erst beim Erreichen von Annäherung und deutlich bestätigter Übereinstimmung, kann ein Spiritueller Helfer damit beginnen, den gemeinsamen Aufstieg herbeizuführen.
Helfende sollten immer auch darauf gefasst sein, dass sie mit dem betroffenen Menschen ebenso durch die höheren, allerdings immer noch allzu negativen Stufen der Emotionen (Gegnerschaft, Schmerz, Wut, …), hindurch müssen.

Befindet sich jemand beispielsweise auf der Stufe **Apathie** oder etwas höher auf **Traurigkeit**, so geht man, als Spiritueller Helfer, ebenfalls kurz dort hin. Ehrlich versucht man sich ein wenig darauf einzustimmen, um gemeinschaftliches Verstehen zu erreichen.
So wächst die Kommunikationsbereitschaft, hinauf zu gemeinsamer geistiger Wirklichkeit. Die gegenseitige Zuneigung oder Affinität und schließlich die gestärkte Fähigkeit zu weiterer Kommunikation wächst ebenso.
Geschickt ist es, eine traurige bis apathische Person wieder mit der Umgebung in Kontakt zu bringen. Man zeigt ihr wie schön dieses oder jenes ist, wie es sich im Miteinander zeigt. Der Helfer bringt den Menschen dazu, Dinge der Umgebung zu berühren, wieder etwas zu fühlen.

Bei den Leuten die sich **Um Gunst bemühen** darf man niemals das angebotene Gunstgeschenk ablehnen, sonst stürzen diese noch weiter die Tonskala hinunter, fühlen sich nicht geliebt und unwürdig.

Die Kommunikation kann hier direkt über die Wirklichkeit dieses Gunstbeweises aufgenommen werden, um die Menschen dann weiter hinauf zu entwickeln.

Sobald wir feststellen, dass jemand droht in **Mitleid** mit anderen zu versinken oder sich eben dort auch chronisch befindet, hilft nur noch, strickt dagegen zu steuern.

Dem destruktiven Leid beim Miteinander, darf überhaupt kein Nährboden bereitet werden.

Die Lösung heißt: Konstruktives, verstehendes Mitgefühl ohne leiden zu müssen. Glücklicherweise sind die Menschen, die sich in diesem tiefen Zustand befinden, gerne bereit in Übereinstimmung mit jemand anderem zu gehen.

Somit lassen sich hier auch relativ leicht, kommunikative Übereinstimmungen schaffen. Von da aus beginnt zielgerichtet der emotionale Aufstieg.

Ähnlich verhält es sich mit Leuten in **Angst** und **Furcht** bis zur **Panik**. Diesen Menschen muss man in der Umgebung angenehme Dinge oder liebe Menschen zeigen die völlig ungefährlich sind.

Diese Gefahrlosigkeit soll per Kommunikation möglichst bewusst gemacht werden.

Es hilft zudem, wenn diese Menschen völlig von Nachrichten und allerlei anderen Negativmeldungen fern gehalten werden.

Die Umwelt darf ihnen keine solche Angst mehr einflößen. Erst dann vermögen sie sich ihr wieder leichter zuzuwenden.

Mit einem Menschen auf der Stufe **Versteckter Feindseligkeit** braucht man nur eine Zeit lang gemeinsam lachen. Die verkrampft angriffslustigen Aussagen können einfach ausgelacht, hinausgelacht oder weggelacht werden.

Seinem verlogenen, heuchlerischen Schauspiel braucht man nur eine gewisse, allerdings nicht übertriebene Aufmerksamkeit schenken. Er merkt dann selbst, wie unwirklich sein Verhalten ist und lässt die Maske sinken.

Schon bald verlässt er seine emotional tiefe Stufe, um sich dann den ernsteren Themen zuzuwenden, die man für ihn bereithält.

Schwieriger ist der Umgang mit der negativen Stufe **Gefühllosigkeit**, mit dem menschlichen Eisberg. Dessen unterdrückter Zorn wird nur dann aufgeweicht, wenn man ihm zeigt wie sehr man mit ihm wirklich übereinstimmen könnte, wenn … .

Schließlich hat nur er, nach eigener Ansicht, alles Recht dieser Welt für sich gepachtet.

Diese feststeckende Person braucht wieder mehr geistigen Freiraum, um aus sich herausgehen zu dürfen.

Einen solchen freien Raum zum Reden sollte man ihm durch gezielte Fragen und dann bewusstes Zuhören unbedingt gewähren.

Dann lässt sich die Kommunikation entsprechend aufnehmen, so lange, bis eine positive Emotion erreicht wird und ihn seine Themen selbst langweilen.

In zorniger **Wut** befindliche, gegen sich selbst, andere Menschen und/oder Dinge wütende Personen in Kommunikation bringen zu wollen ist sicher auch nicht so einfach.

Dazu muss erst einmal der Grund für die Wut gefunden werden. Die Aggressionen müssen darstellbar, erzählbar werden.

Häufig sind es allerdings so vielfältige Gründe bis Hintergründe, dass es Außenstehenden wirklich sehr schwer fällt dem chronisch gewordenen Fall zu folgen.

Dennoch, bei entsprechender Geduld beim Zuhören, lässt auch dieser Mensch irgendwann seine „Gott- und die Welt-Beschuldigungen" los.

Diese werden nicht nur für ihn somit leichter erträglich und laufen gewissermaßen aus, kommen zu einem Ende. Es ist wie bei einem Gefäß das langsam ausgeschüttet wird.

Schließlich folgt die Person den vernünftigeren Argumenten. Das geleerte Gefäß wird wieder befüllt, diesmal mit einem anderen, verträglicheren Inhalt.

Schmerz ist eine Emotionsstufe bei der die Energie, in der Art und Weise von Aufmerksamkeit, regelrecht gefangen ist und dort feststeckt, und zwar an schmerzenden Stellen des Körpers oder in schmerzhaften Situationen der Vergangenheit. Die Leute sind auf ihren eigenen Schmerz fixiert.

Sie lassen sich allerdings auf eine Kommunikation ein, wenn sie merken, dass ihnen jemand bei der Bewältigung ihres Schmerzes zur Seite stehen möchte. Dann bewirkt der tatsächlich ehrliche Einsatz von einfachen Hilfsmaßnahmen, wie einem Energiefeldausgleich, Handauflegen oder Wegpusten oder ..., wahre Wunder.

Wichtig ist nur: Echtes Mitgefühl darf nicht in Mitleid verfallen! Denn dieses Mitleiden zieht bestimmt wieder weiter nach unten.

Damit ist ganz sicher niemandem geholfen. Nur in offener Zuwendung bei der Kommunikation, lässt sich die Person sodann heben, die Emotionsstufen hinauf.

Eine Person die sich auf **Gegnerschaft** befindet debattiert gerne und ausgiebig. Sie lässt sich ziemlich leicht auf Langeweile anheben indem man ganz einfach mit dem Menschen spricht und Verstehen (echtes Verstehen!) bekundet.

Dessen kommunikative Fähigkeit ist, wie vordem schon erwähnt, noch relativ gut ausgeprägt.

Wenn wir jemanden, per Kommunikation, bis zur ersten positiven Emotionsstufe **Langeweile** anheben konnten, ist es ein sehr brauchbarer Erfolg.

Der chronisch negative Zustand eines Menschen wird allerdings versuchen ihn wieder zurückzuziehen. Aber selbst ein kleiner Erfolg ist besser als gar keiner.

Wir sollten uns nur nicht auf diesen Lorbeeren ausruhen. Nun beginnt nämlich die eigentliche Arbeit:

Es gilt, die Person davon zu überzeugen, dass gegebenenfalls erst einmal ein Energiefeldausgleich weiterhilft und darüber hinaus, Spirituelle Rückführungen der Weg aus dem Sumpf der niederen Emotionen sind.

Es ist erst einmal illusorisch, eine Person auf die Schnelle noch wesentlich höher entwickeln zu wollen.

Sobald nämlich jemand anfängt bezüglich der Situation, in der er sich gerade befindet, gelangweilt zu sein, ruht er sich gerne ein wenig aus.

120

Der Mensch fängt allerdings an die Augen zu öffnen und genauer hinzuschauen. Was er jetzt zu sehen bekommt, muss aber nicht unbedingt erfreulich sein.

So eine Person ist jedoch zumindest nicht mehr chronisch in einem negativen Zustand, gegenüber ihrer Umgebung, gefangen.

Sie ist nun, auf der Skala der Emotionen, um einiges beweglicher geworden.

Etliche Menschen versuchen tatsächlich häufig, sich selbst auf die Emotionsstufe **Konservatismus** hochzuhangeln, um dadurch im so genannten Normalzustand eines gesellschaftlichen Umfeldes mitspielen zu dürfen.

Diesen Kraftakt vollziehen Menschen sogar dann, wenn sie chronisch eigentlich sehr viel tiefer festhängen.

Hat eine Person erst einmal diese Emotionsstufe erlangt, und sei es nur zur Vorspiegelung, so sollten wir ihr trotzdem dabei helfen, diesen Zustand soweit zu stabilisieren.

Ein erneutes Absacken, zu ihrer chronischen Wirklichkeit hin, sollte nur noch vorübergehend erfolgen können.

Auf dieser Emotionsstufe, Konservatismus, finden wir nämlich gesellschaftlich stützende, wohlwollende Menschen mit dem Drang nach Höherem. Was immer diese darunter auch verstehen mögen.

Allein schon die Tatsache, dass sich eine Person aus einem chronisch wesentlich tieferen Emotionszustand, wie etwa Angst, Wut, Schmerz oder ..., bis hinauf zum Konservatismus empor-erfinden kann, zeugt von seiner enormen Willensstärke und einer wirkungsbereiten Schaffenskraft.

Erinnere Dich erneut daran:

Täusche vor!

Solche Leute verdienen unbedingt unsere Hilfe, da sie aus diesem Zustand heraus, überaus wertvolle Dienste für die Gesellschaft zu leisten vermögen.

Wir müssen auf dem Planeten Erde dringend versuchen, über die Emotionsstufe Langeweile hinaus, möglichst viele Menschen stabil zu fähigen Mitgliedern der Gattung Menschheit werden zu lassen.

Stabil herbeigeführter Konservatismus ist die erste Stufe, von der aus wir selbst als TAO, als Geistige Wesenheiten, mit unserem energetischen Konstrukt, dem analytischen Verstand, zielgerichtet weiter nach oben operieren können.

So schwingen wir uns mit Freude machtvoll empor, noch über die Emotionsstufe Begeisterung hinaus.

Das „Große Spiel", geistig kosmisch oder physikalisch universal oder zumindest das „Spiel des Lebens", beginnt ab hier wieder richtig Spaß zu machen.

Unser Spielgeist erwacht!

**„Wer mit den Augen eines anderen sehen,
mit den Ohren eines anderen hören und
mit dem Herzen eines anderen fühlen kann,
der zeichnet sich durch Gemeinschaftsgefühl aus."**

und

**„Alle menschlichen Verfehlungen
sind das Ergebnis eines Mangels an Liebe."**

Alfred Adler, österreichischer Psychologe

**„Mit einem kurzen Schweifwedeln
kann ein Hund mehr Gefühl ausdrücken,
als mancher Mensch mit stundenlangem Gerede."**

Louis ‚Satchmo' Armstrong, amerikanischer Jazzmusiker

Über den Autor:

Günter Karl Skwara, *19.07.1952

Während seiner vielfältigen beruflichen Tätigkeiten erlangte er Einblicke hinter die Kulissen von Betriebs- und Volkswirtschaft. Ihm offenbarten sich zudem die sozialen Zusammenhänge, mit all ihren Ungerechtigkeiten und Abgründen.

Bei seinem Aufenthalt in Frankreich (1991 bis 1992) eignete er sich verschiedenes Wissen und Fähigkeiten an. Er wurde Heiler von Morhange genannt und war anerkannt als "Meister des Wandels" (master of change).

Seine Absicht besteht seitdem darin, Menschen aus dramatisch verfestigten Problemstellungen heraus zu helfen (physischer, psychischer sowie sozialer Art).
Als guter Zuhörer entlastet er, mittels Spiritueller Rückführungen, die schwierigen Situationen seiner Rat- und Hilfesuchenden.

Mit leichter Hand führt er seine Freunde zu eigenständig gefundenen Lösungswegen.

**Er ist Begleiter auf dem Pfad
zu Wohlbefinden, Zufriedenheit und GlücklichSein.**

Günter Skwara

Spiritueller Rückführer

Meditationsbegleiter

Berater für Mentale Kommunikation

> Spirituelle Rückführungen
> Finden von Ursachen, Aufarbeiten und Bereinigen alter Ereignisse, Rehabilitation und Mobilisierung von Kreativität, (Los)Lösen belastender karmischer Verstrickungen und mehr. Transformation vom Menschsein zu TAO, dem Geistigen Wesen.

> Mentale Kommunikation
> Die Magie effektiver, mentaler Kommunikation ist der Königsweg, zur Lösung aller, von Menschen inszenierter, Probleme. Bestandteile des Magischen Quadrates für Verstehen dienen als Leitgedanken.

> Ganzheitlicher Energiefeldausgleich
> Aus dem Gleichgewicht geratene Lebensenergie wird wieder stabilisiert und harmonisiert > für mehr Ausgeglichenheit, Stabilität und Balance im Dasein.

> Spiegelmeditation
> Selbsthilfeprogramm: Erschließt Euch den Weg zum Selbst (zu Selbsterkenntnis, Selbstbestimmung, Selbstständigkeit). Taucht ein und rehabilitiert uralte Fähigkeiten!

Kontakt zum Start ins Abenteuer:

rueckfuehrer@googlemail.com
www.rueckfuehrer.de
www.studio-chi.de